2019年重庆市社科规划特别委托重大项目
重庆市北碚区、西南大学校地合作重大项目
重庆市北碚区重大文化精品工程

北碚文化丛书

史话北碚

潘洵
郭亮 ◎主编

西南大學出版社
SWUP 国家一级出版社 全国百佳图书出版单位

图书在版编目(CIP)数据

史话北碚 / 潘洵, 郭亮主编. -- 重庆 : 西南大学出版社, 2023.12
(北碚文化丛书)
ISBN 978-7-5697-2099-0

Ⅰ. ①史… Ⅱ. ①潘… ②郭… Ⅲ. ①北碚区—地方史 Ⅳ. ①K297.193

中国国家版本馆CIP数据核字(2023)第234691号

史话北碚

SHIHUA BEIBEI

主　编　潘洵　郭亮

选题策划 | 蒋登科　秦　俭　张　昊
责任编辑 | 钟孝钢
责任校对 | 李　君
装帧设计 | 闰江文化
排　　版 | 吴秀琴
出版发行 | 西南大学出版社(原西南师范大学出版社)
地址:重庆市北碚区天生路2号
邮编:400715
电话:023-68868624
印　　刷 | 重庆升光电力印务有限公司
成品尺寸 | 145 mm×210 mm
印　　张 | 9.25
字　　数 | 200千字
版　　次 | 2023年12月 第1版
印　　次 | 2023年12月 第2次印刷
书　　号 | ISBN 978-7-5697-2099-0
定　　价 | 58.00元(平装)

本书编委会

主　编：潘　洵　郭　亮

副主编：赵国壮

编　委：侯振兵　李　军　陈志刚

吴文杰　马振波　赵云霞

总序

周 勇[①]

习近平总书记在新时代文化建设方面提出了一系列新思想、新观点、新论断，丰富和发展了马克思主义文化理论，构成了习近平新时代中国特色社会主义思想的文化篇，形成了习近平文化思想。习近平总书记还多次对传承和弘扬重庆历史文化作出重要论述，提出明确要求，寄予殷切期望。

重庆是一座具有悠久历史、灿烂文化、优秀人文精神和光荣革命传统，人文荟萃、底蕴厚重的历史文化名城。在江峡相拥的山水之间，大山的脉动与大江的潮涌相互激荡，自然的壮美与创造的瑰丽交相辉映，城镇的繁华与乡村的宁静相得益彰，展现出江山之城的恢宏气势，绽放出美美与共的璀璨风采。

在3000多年的发展史上，重庆出现过多层次、多领域、多形态的文化现象，其中居于主体地位的是巴渝文化、革命

① 周勇，中国抗日战争史学会副会长、中国城市史研究会副会长、重庆史研究会会长、教授、博士生导师。

文化、三峡文化、抗战文化、统战文化、移民文化。它们是居于重庆历史和文化顶层，最具代表性和符号意义的文化元素，由此构成了独具特色的重庆历史文化体系。其中，巴渝文化、革命文化彼此相连，贯通始终，传承演化，共同构成今日重庆历史文化体系的学理基石，也是形成今日重庆人文精神以及重庆人、重庆城性格特征的文化基因。三峡文化、移民文化、抗战文化、统战文化，是在不同历史时期和历史环境中，于重庆大地上产生的特色文化。在漫漫历史长河的不同阶段中，发挥着独特的作用，至今仍是重庆历史文化中极具特色的因素，发挥着核心竞争力的作用。

北碚，地处缙云山麓、嘉陵江畔，是一个产生过凤凰涅槃般传奇的地方。

100多年前，北碚还只是一个山川美丽，但匪患肆虐的小乡场。到80多年前的全面抗战时期，北碚已发展成为一座享誉中国的美丽小城。新中国成立后，北碚发生了翻天覆地的变化。如今的北碚，已经是重庆主城都市区的中心城区之一。北碚的百年发展史展现出极具时代特征的突变性、内涵式发展的特质。北碚素来生态环境优良、人民安居乐业，科学教育发达、创新活力迸发，产业发展兴盛、工业基础雄厚，尤以历史渊源悠久、文化底蕴深厚而著称。这在重庆历史文化体系中具有综合性、典型性、代表性。

近年来，在中共重庆市委的领导下，全市上下认真落实党中央部署要求，加快推进文化强市建设，开创了文化繁荣发展新局面。面对新时代、新征程的新使命和新要求，市委作出了奋力谱写新时代文化强市建设新篇章，为现代化新重庆建设注入强大精神力量的重大部署；特别强调“要大力传承弘扬中华优秀传统文化，深化历史文化研究，加强文化遗产保护，抓好优秀传统文化传承，推动巴渝文化、三峡文化、抗战文化、革命文化、统战文化、移民文化等创造性转化、创新性发展”。

在建设重庆文化强市的赛马比拼中，北碚人用满满的文化自觉与文化自信，以历史的眼光重新审视北碚，以文化的视野宏观鸟瞰北碚，以艺术的手段通俗表现北碚，从史话、名人、抗战、乡建、教育、科技、诗文、书画、民俗、景观十个方面，全面而系统地梳理了北碚的文化和历史，构成了图文并茂、鲜活生动的北碚文化长卷。这部十卷本的“北碚文化丛书”，就是北碚人书写北碚传奇的代表作，更是向时代和人民交出的一份厚重的文化答卷。

“北碚文化丛书”具有广泛的包容性。它涵盖了历史沿革、文化遗产、民俗风情、民间艺术、人文景观、贤达名流、文学艺术、教育科技等方方面面，既有地域文化的基本要素，更彰显了北碚在抗战、乡建、教育、科技等方面在中国近代历史上的突出特色。

“北碚文化丛书”以学术研究为依托，史料基础可靠，学术名家参与，表达通俗易懂，集系统性、知识性、可读性于一体，有存史资政的收藏价值和指导旅游观光的实用价值。

“北碚文化丛书”是校地合作的有益尝试，既是对北碚地方文化的一次学术性清理，在史料整理、学术研究方面展现出全面、系统的特征，也为基层地域科学地挖掘整理在地文化积累了可资借鉴的经验。

这些年来，我着力于重庆历史文化体系的研究，组织编撰了十二卷本的“重庆人文丛书”，力图勾画出“长嘉汇”源远流长，“三峡魂”雄阔壮美，“武陵风”绚丽多彩，人文荟萃、底蕴厚重的重庆历史文化名城的文化新形象。这套十卷本的“北碚文化丛书”，是继“重庆人文丛书”之后，重庆市域内出版的第一部区县文化丛书。我相信，这部饱含着浓浓乡情，充满了城市记忆，洋溢着北碚味道的文字和画面的丛书，将使北碚的历史文化得以活在当下，让北碚的历史文脉传承延续，绵绵不绝。

同时我也希望各区县都能像北碚这样虔诚地敬畏自己的历史文化，努力地整理自己的历史文化，用皇皇巨著来传承自己的历史文化，尤其是从市委提出的重庆文化新体系中找准自己的文化新定位，让生动鲜活、丰富多彩、千姿百态的区域文化，共同汇聚成彰显重庆文化新体系的百花园，建设具有中国气象，巴渝特色，万紫千红的山清水秀、美丽之地。

是为丛书总序。

前言

北碚，重庆秀丽的花园城市，一片既古老又年轻的土地。

说它古老，是因为至迟从新石器时代开始，这里就有人类居住。考古学家发现，在北碚境内，有很多新石器时代的文化遗址，其中，大土遗址是最具有代表性的一个，其年代距今大约4800年。先秦时期，在川渝地区生活过一个充满传奇色彩的民族——巴人。北碚地处嘉陵江下游，是巴人活动的核心区域之一。西汉初期，北碚地属巴郡，巴郡属于益州，这里很早就有比较活跃的经济文化活动。

魏晋南北朝时期，北碚及其所在的川东区域历经了频繁的政区变迁。据南宋王象之所撰《舆地纪胜》记载，南齐明帝建武元年(494)，割巴郡的一部分，设置为东阳郡，领丹阳一县，后周时始废。据说，东阳郡的治所就在今天北碚的东阳镇。若此记载属实，可以说，这是北碚在古代最高级别的行政区划了。

唐和北宋时期的北碚是渝州属地，缙云山的雄奇和嘉陵江的俊秀吸引了众多的文人雅士，他们或吟诗作赋，或归隐休养，这里成为旅客游玩和休养的佳境。同时，依托山水而建的寺院也蓬勃发展起来，旺盛的香火吸引了远近的僧人和信徒，成为闻名遐迩的“川东佛教圣地”。

时至明清，巴蜀地区经历了多次战火摧残，特别是明清鼎革之际的战乱，对区域社会经济、文化造成了毁灭性破坏。清初政局稳定后，政府便大力招揽外省移民入川，形成了“湖广填四川”的大规模移民潮。移民的到来，为北碚经济发展、社会重建和文化复兴提供了充足的劳动力。一个以移民为主体、“五方杂处”的移民社会逐步形成。清代北碚的乡场充满活力，文化异彩纷呈，但同时社会治理也面临挑战。晚清时期，随着内忧外患的加剧，社会动乱再起，北碚民众通过结寨自保、组织团练等方式守护家园。

说它年轻，是因为近代北碚的历史翻开了崭新的篇章。20世纪二三十年代，面对国家的衰败与落后，乡村建设运动逐步兴起。一大批有识之士试图通过以乡村为重点，发起革新农村经济与社会，实现“民族自救”。这一时期，卢作孚在北碚开展了嘉陵江三峡乡村建设运动。他以“乡村现代化”为蓝图，采取了以“经济建设为中心”的建设方式，整治匪患，发展实业，重视科技文化事业，使北碚从一个小乡场发展为“建设新中国的缩影”的美丽城市。卢作孚在北碚主持的乡村建设运动在当时中国乡村建设实验中时间最长、取得成就最大、影响最为深远，为今天的乡村振兴战略的施行提供了有益的历史借鉴。

从1931年九一八事变爆发到1945年9月中国抗日战争胜利，在长达14年的抗日战争中，地处西南一隅的重庆北碚始终紧扣抗战救亡的主旋律，为中华民族抗日战争的胜利作出了彪炳史册的历史贡献。九一八事变后，在卢作孚的支持下，峡防局成立东北问题研究会，倡议抗日救亡主张；中国共产党领导的重庆救国会总干事漆鲁鱼、学联负责人刘传茀等通过各种渠道，先后几次在北碚发展救国会组织，领导北碚各界群众积极开展抗日救亡活动。

抗日战争全面爆发后，北碚成为国民政府在重庆的重要迁建区，很多政府机关、社会组织、群众团体等纷纷西迁。实业家卢作孚举民生公司之全力，将大量人员和物资迁运到重庆，北碚也成为抗战大后方的重镇。国民政府设立了北碚管理局，北碚正式成为县级行政区，市政建设得到更大改善。与此同时，煤矿业、纺织业等经济产业也进步明显。北碚名流荟萃，抗日民主文化不断繁荣，逐渐成为抗战大后方文化创作与科教发展高地，“三千名流汇北碚”，对北碚城市发展产生了深远影响。

1949年12月2日，在卢子英的协助下，北碚和平解放，党和政府随即开展了接管北碚和建立地方人民政权的工作。1950年1月1日，川东人民行政公署奉中央人民政府令成立于重庆南岸黄桷桠，1952年2月移驻北碚，同年9月1日撤销。在此期间，北碚一跃成为省级政权机构川东行署的驻地。在党的过渡时期总路线的指引下，北碚区胜利完成社会主义三大改造和第一个五年计划建设，人民生活显著改善，社会主义深入人心。在广大人民群众的共同努力下，尤其是在三线建设的帮助下，北碚的工业再次腾飞，进入了自抗日战争结束以后的又一个大发展时期。

1978年12月18日，中国共产党召开十一届三中全会，开启了改革开放和社会主义现代化建设的伟大征程。改革开放以来，北碚区大胆解放思想，开拓奋进，全区社会经济长足发展，人民生活水平显著提高，党的建设、精神文明和民主法治建设进一步加强。按照建立社会主义市场经济体制的要求，北碚区实施了企业改革、农村改革、机构改革、住房制度改革和社会保障制度改革等一系列改革；放活了土地经营使用权，调动了农民生产积极性，加大了企业改革力度，使一批企业盘活了存量，明晰了产权，初步形成了多种经济成分共同发展的格局；对内对外开放进一步扩大，对外贸易和利用外来资金增长迅速。

进入新时代以来，北碚坚持以习近平新时代中国特色社会主义思想为指导，坚持稳中求进工作总基调，坚持新发展理念，坚持推动高质量发展，着力将北碚建设成为生态田园都市区和人文科教创新城。

纵观北碚近五千年的发展历程，可以说是历经风云变幻，饱含历史沧桑。它虽僻处西南一隅，却能紧跟时代潮流。近五千年的风风雨雨，见证了北碚人民百折不挠、砥砺前行的优良品质。我们相信，立足新的历史起点，北碚的明天将更加美好！

目录

CONTENTS

第一章

沧海桑田

嘉陵江浩浩汤汤，奔流不息，它带来丰富的水资源，哺育了沿岸的广阔大地。北碚地处嘉陵江下游，吸收了嘉陵江水的精华，自古至今，人杰地灵。在这块传奇而肥沃的土地上，生活过无数的先民，他们筚路蓝缕，以启山林，为子孙后代开辟了舒适宜居的生活环境，在历史上留下了值得纪念的一页。而北碚作为一方沃土，也有着独特的发展脉络，千百年来，沧海桑田，其行政建制发生了很多变化。这种变化不仅展示了北碚与上级行政单位甚至与中央的关系，同时也体现了它在不同历史时期的地位。

下面，我们就从头开始，来说一下北碚的古代历史。

一、文明肇始的大土遗址

北碚的历史源远流长，十分悠久。至迟从新石器时代开始，这里就有人类居住。考古学家发现，在北碚境内，有很多新石器时代的文化遗址，这说明在原始社会时期，北碚就已经开创了自己的文明。

在北碚所有的原始社会文化遗址之中，大土遗址是最具有代表性的一个。

这是一个位于北碚区澄江镇吴粟溪村二社至炭坝村二社之间的遗址，其中有很多新石器时代的文化遗存。从社会文明阶段来说，大土遗址处于母系氏族公社时期。在大土遗址的出土文物中，有一件打制石器——刮削器，属于沉积岩，是用砾石打制而成的，呈扁椭圆形。这是先民用来切割、刮削食物用的，由于它是通过击打而制成的，故其时代要远远早于通过磨制加工形成的石器——它很可能是旧石器时代的物品。除了这个打制石器以外，其余的就是磨制石器了。出土的一件石铲、一件石斧，均属青灰色沉积岩，其刃部都是通过打磨制成的。[①]打制、磨制石器同时存在，说明大土遗址是由旧石器时代向新石器时代过渡时期的遗址。当时的先民利用这些石铲、石斧，进行了大量的采集甚至耕种的劳作，他们采集或者培育的果实，保证了他们生命的延续。

大土遗址也出土了很多陶器，以生活器皿为主。我们今天看到的，是很多生活用陶器的残片，据说数量将近400片。从这些陶片可以看出，大土遗址的陶器是以泥条盘制成型的。从一件复原的陶罐可以看出，它是按口部、腹部和底部分别成型，然后再进行套接而成的，口部与腹部、腹部与底部均为内套接。为了接合得牢固，在口部与腹部的外接合面上再施加箍带纹或者戳印纹。这些陶器有折沿鼓腹罐、折沿筒腹罐、折沿斜腹罐、内折沿钵、壶等，均为平底器。其中，折沿筒腹罐的沿面多抹光，口沿多饰以锯齿状或绳索状花边，肩部可见戳印纹和箍带纹，腹部多饰斜向交错滚印细绳纹构成的小菱格纹或斜绳纹与凹弦纹搭配而成的复合纹饰。[②]在新石器时代，这种陶器制品已经算是非常精美了。

说了这么多器物，那么它们具体都是什么年代的东西呢？这还要从考古学的文化分期角度来说。从器物的组合、形态、制作工艺等方面看，大土遗址新石器文化遗存应属于典型的玉溪坪文化。其实，玉溪坪文化是重庆峡江地区典型

① 重庆市文化遗产研究院、北碚区文物管理所：《北碚区大土遗址发掘报告》，载重庆市文化遗产研究院、重庆文化遗产保护中心编著《嘉陵江下游考古报告集》，科学出版社，2015年，第42页。

② 重庆市文化遗产研究院、北碚区文物管理所：《北碚区大土遗址发掘报告》，载重庆市文化遗产研究院、重庆文化遗产保护中心编著《嘉陵江下游考古报告集》，科学出版社，2015年，第43页。

的新石器时代晚期考古遗存，距今大约5300—4600年，从长江三峡地区向西北一直到嘉陵江中游，都有玉溪坪文化的分布，如通江擂鼓寨遗址、广元张家坡遗址、宣汉罗家坝遗址等。这些遗址所出土的陶器的特征，都与大土遗址出土的相似，即器物多为手制，慢轮修整；器物分段成型，然后驳接为一体；口唇部流行花边，器表盛行滚印绳纹形成的菱格纹或斜绳纹，这两种纹饰常和弦纹、箍带纹、戳印纹结合构成复合纹。所以有学者推定，大土遗址的新石器距今大约4800年。

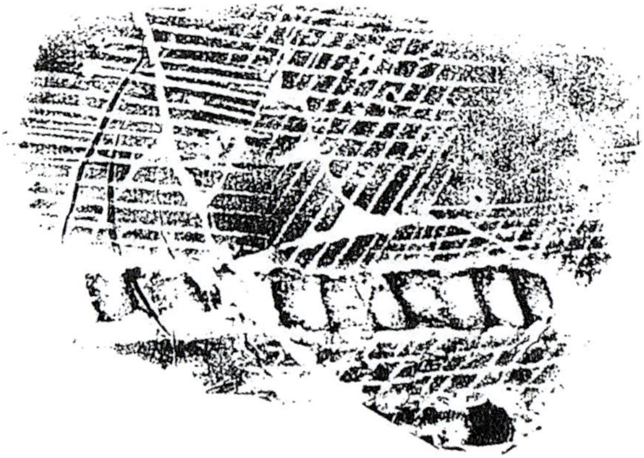

大土遗址陶器纹饰（箍带纹+菱格纹+绳纹）

二、遥远神秘的巴国巴人

夏商周时期是史书记载中最早的文明时代。虽然其具体的时间分界还存在很多争论，但河南偃师二里头文化、河南安阳的殷墟，都为我们昭示了那个遥远时代的文明，它们的存在不容置疑。不过，当时的文明主要集中于中原地区，不管是王朝的都城，还是文化的传播，都局限在黄河流域。远在西南的川渝地区，当时并不是政治中心、文化中心。但是，在这块土地上，却生存着一个十分重要的族群，他们对本地的发展作出了不可磨灭的贡献，同时也被中原王朝的统治者逐渐纳入了“天下”范围中去，成为中华民族大家庭中的一员。这一族群在西周时期开始建国，它就是巴国，巴国是朝奉周天子的诸侯国之一。有关巴国的历史，下面按照时间顺序来介绍一下。

进入文明时代以后，北碚及其周边地区都先后创造出了鲜明的地域文化，古人沿着他们自身特殊的生活轨迹继续向前发展。北碚的地理位置十分特殊，它位于明清以来大致确定的江巴璧合四县交界之处。换言之，其地域由今天重庆的江北区、璧山区、合川区的边地组合而成。但这样的格局不是自古有之，北碚的地域变迁经历了一个漫长的过程。

远在夏商周时期，巴渝地区就已经成为华夏民族的管辖区域。按照《禹贡》对九州的划分，巴渝地区在虞、夏之时属于梁州；在商、周时期，为雍州属地。但是，夏商时期距今十分遥远，我们对此时北碚的历史了解得很少。历史轨迹比较清晰的，是进入西周以后。

在川渝地区中，生活过一个充满传奇色彩的民族，叫作“巴人”。北碚作为重庆的一部分，也是巴人的活动区域。相传，在周以前，在今天的重庆地区生活的是濮人，巴人实际上并不生活在此地，而是居住在武落钟离山一带，也就是今天的湖北长阳西南。在武落钟离山，本来生活着巴氏、樊氏、瞫氏、相氏、郑氏五姓。据传，五姓的首领曾聚在一起，选举共同的领袖。他们制定的规则一是看谁能将短剑掷出击中半山腰的石穴，二是看谁能乘陶船于江中而不沉，两项皆胜即可为君。最后，巴氏年轻的首领务相获胜，被推举为五姓君长，他就是廪君。①

巴文化浮雕之"廪君称王"(侯振兵 摄)

后来在廪君的带领下，巴人逐渐向川东地区扩张，最终

① (南朝宋)范晔:《后汉书》卷八六《南蛮西南夷传》云:"巴郡南郡蛮，本有五姓:巴氏，樊氏，瞫氏，相氏，郑氏。皆出于武落钟离山。其山有赤黑二穴，巴氏之子生于赤穴，四姓之子皆生黑穴。未有君长，俱事鬼神，乃共掷剑于石穴，约能中者，奉以为君。巴氏子务相乃独中之，众皆叹。又令各乘土船，约能浮者，当以为君。余姓悉沉，唯务相独浮。因共立之，是为廪君。乃乘土船，从夷水至盐阳。盐水有神女，谓廪君曰:'此地广大，鱼盐所出，愿留共居。'廪君不许。盐神暮辄来取宿，旦即化为虫，与诸虫群飞，掩蔽日光，天地晦冥。积十余日，廪君伺其便，因射杀之，天乃开明。廪君于是君乎夷城，四姓皆臣之。廪君死，魂魄世为白虎。巴氏以虎饮人血，遂以人祠焉。"中华书局，1965 年，第 2840 页。

迁到了今天的重庆。关于廪君及其族人西迁入川东的路线，没有相关的文献记载，也没有考古资料，有的学者依据常理进行了推测：居于武落钟离山的巴人在廪君的带领下，溯夷水而上，打败了盐神部落，据有清江流域，在清江上游恩施一带建立夷城，控制了清江流域后逐渐向西扩张，分数路进入今重庆地区，一部分由夷城溯清江上行达利川境内，再越过齐岳山，循龙河过石柱，到达丰都；一部分越过齐岳山，循郁水至彭水，沿乌江到达涪陵；一部分由夷城经宣恩县、咸丰县，越过齐岳山，沿唐崖河过黔江，由龚滩转乌江下行至涪陵；一部分可能从夷城越齐岳山至奉节一带。[①]

至于"巴"之名的来源，传世的说法认为，在巴人原来生活的地方，阆、白二水曲折三回，如"巴"字，故名。[②]而"巴"字的本意是一种虫。[③]总之，巴人的"巴"，其得名实际上是来自所在地区的地理形势。[④]而巴人后来到了重庆地区，遂

---

① 周集云：《巴族史探微》，四川省社会科学院出版社，1989年，第52–53页。

② 南宋的吴曾辨析过巴地的巴字到底是来自水流的形状还是山峦的形状，所著《能改斋漫录》卷九《地理》"巴字山水"条说："宋之问《送田道士使蜀投龙诗》云：'蜀门风势断，巴字水形连。'又唐人诗云：'杜宇呼名切，巴江学字流。'然则巴州因水得名矣。予案杜佑《通典》：'硖州巴山县，古扞关，楚肃王拒蜀处。今县北有山，曲折似巴字，因以为名。'此又以山似巴字，何邪？然《三巴记》：'阆水东南流，曲折三回如巴字。'唐人有《巴字江赋》云：'初惊蠹蚀龙舟，鳞次干波中；乍若萤从渔火，星分于渡口。'乃知山形似巴者非。"王云五主编《丛书集成初编》，商务印书馆，1939年，第220–221页。

③ （汉）许慎撰，（清）段玉裁注：《说文解字注》卷一四《巴部》："巴，虫也。谓虫名。或曰食象它。《山海经》曰：'巴蛇食象，三岁而出其骨。'象形。伯加切。古音在五部。按不言从己者，取其形似而軵之，非从己也。凡巴之属皆从巴。"上海古籍出版社，1981年，第741页。

④ 李勇先、高志刚：《日本藏巴蜀稀见地方志集成》第十二册《巴县志》卷一《沿革》，巴蜀书社，2017年，第79页。

使这块热土成为巴地。

西周建立之后，推行的是分封制，将诸姬姓的宗亲分封各处，这被称为“家天下”。分封到各地的诸侯纷纷建立诸侯国。诸姬姓宗亲，按照爵位的高低，分为公、侯、伯、子、男五等。武王将巴地封为子国，也就是说，封到这里的国君是姬姓子爵。从此，巴国又被称为“巴子国”。巴子国臣属于周天子，按照周朝的制度实行宗法制。

随着历史发展，到了春秋时期，巴国与周边国家交往频繁，这种交往，以战争为主，尤其与以成都为中心的蜀国矛盾重重。巴国与建都于今四川广元的苴国关系密切，经常联合起来抗蜀。同时，巴国与楚国的战争也不断。

在巴国与楚国之间，还有两个小故事。

一个是关于巴蔓子将军自杀报国的传说。约公元前4世纪，巴国朐忍（今云阳一带）发生内乱，当时巴国国力衰弱，国君受到叛乱势力胁迫，巴蔓子遂许诺以三城割让楚国为代价，借楚兵平息内乱。事平之后，楚使索城，巴蔓子又认为国家不可分裂，身为人臣不能私下割城。面对楚国使者，不履行承诺是为无信；面对国君，割掉国土是为不忠。于是巴蔓子拔剑自刎，以头颅授楚使。巴蔓子以头留城、忠信两全的故事，在巴渝大地传颂。

另一个故事是说，有一位巴国君在征讨楚国的战争中，俘虏了一名楚国女子，带回江州（今重庆江北）后封为妃。楚妃为巴国君生下了一个小王子，但因为他是楚国女子所生，所以受到了巴国人的排斥。巴王和楚妃去世后，小王子为避国人陷害，于是带领一批拥护自己的士兵和百姓向北出走，一路上经历了巴军的围追堵截和洪水、严寒等自然灾害，历尽艰辛，终于到达了嘉陵江中上游的一处小平原，小王子视为风水宝地，于是定都于此，让百姓在此安居乐业，耕地播种，一年后果然粮食盛产，仓廪充实。因此小王子命国号为“充”。充国日渐强大，打退了巴国多次围剿进攻，后来的巴王不得不承认充国是从巴国独立出去的国家。这个充国就在今天四川省南充市的西充县。通过这个故事，我们也可以知道，实际上在今天的江北到南充一带，时常都有战争的发生，而北碚也许就是古战场之一。

涪陵小田溪出土战国铜钺、铜戈

公元前316年，也就是周慎靓王五年，秦军攻灭了巴、苴两国。当时秦国的国君是秦惠王，他派张仪、司马错等入苴国，目的是帮助苴国抵御巴国。但是张仪贪图巴、苴两国之富，灭掉巴国之后，接着又灭苴国，擒其王以归秦。[1]从此，巴、苴两国之地归入秦朝。秦国在其地设置巴郡，治所在江州（今重庆江北），从此巴国被纳入郡县体制之下。巴郡作

① （西汉）司马迁：《史记》卷七〇《张仪列传第十》，中华书局，1959年，第2281–2284页。

为秦国统治的一部分，也是按照这样的制度来进行管理的。

从巴国到巴郡，发生了巨大的变化。秦国大量向巴郡移民，以增强实力，与东邻的楚国对抗。但巴人也大量流散，在川境的，部分称板楯蛮；南移到今湘西的，构成武陵蛮的一部分；先后移到今鄂东的，东汉时称江夏蛮，到了魏晋南北朝时，称五水蛮。[①]

三、源远流长的秦汉古韵

从秦朝开始，中国进入了帝制时代，国家的统治者是皇帝，设置中枢机构来管理全国事务，地方上则按照郡县制的形式进行统治和管理。这种统治模式延续了两千多年。全国的大一统，使得中央与地方一直处于上下级的统属关系，地方行政区划的变动受中央政策的制约。但静中有动，北碚的行政区划也是在总体的平稳发展中有所调整。现在，我们结合当时的情况，来说一下秦朝至唐朝以前北碚的政治、经济与文化。

秦朝是中国古代第一个帝制王朝，嬴政建立了一套君主专制的政治制度。他将秦国原来的郡县制度推向全国，在全国范围内，各地都由郡县制进行管理。秦朝时，北碚仍归属巴郡管辖。这时的巴郡，地域比较宽广，辖境相当于今重庆市全境和四川省的部分地区。

秦朝推行暴政，二世而亡，从此群雄逐鹿，兵燹不断。在

① (唐)李延寿：《南史》卷七十九《夷貊下·蛮》，中华书局，1975年，第1982页。

楚汉之际，西楚霸王项羽分封诸王，将巴郡划归汉王刘邦，北碚之地自然成了汉王治下。刘邦后来在众多谋士、大将的辅佐下，战胜了项羽，建立了汉朝。

西汉初期，北碚地属巴郡，巴郡属于益州，这里很早就有比较活跃的经济文化活动。在北碚东阳街道黄桷社区发现的庙嘴墓葬遗址，就是西汉初期文化的典型代表。

庙嘴墓地及其随葬品是近年来嘉陵江流域巴文化考古的重要发现，它地处嘉陵江东岸一级台地。考古发现，庙嘴遗址是一个墓群，有17座墓葬。这些墓葬的时代共分为三期，前两期属于战国晚期至西汉初年，第三期属于西汉前期，因为在第三期的墓葬中，不仅出土了蒜头壶，还出土了大小两种半两钱，其中小半两钱应该就是8铢半两钱，始铸于吕后二年（前186）。

北碚庙嘴墓地出土的西汉半两钱

下面重点介绍一下第三期墓葬中的M1墓。这座墓为长方形竖穴土圹墓，口与底的面积相近，墓底平整，墓壁垂直。在墓葬中，有木椁，但是朽毁严重，墓底残存部分椁底板。

椁底板下东西两端各有枕木沟一条。在椁的西南角，发现了16件随葬品，其中13件为陶器，有釜、罐、壶3种，还有3件铜器，包括铜刀、铜削和铜钱。铜钱就是半两钱(见上图)，比较完整的有6枚。[1]这种外圆内方的铜钱是从秦朝半两钱继承而来的，本来应该重如其文，也就是一枚钱重半两。一两为24铢，半两就是12铢。但后世钱币逐渐变轻，即使每枚钱只重8铢，但币面上还是写作“半两”。这些铜钱上的字体略长，“两”字上面一横较短，“半”字的两横长短不一、两点呈“八”字形。其直径从2.6厘米到3.3厘米不等，中间的方孔直径大约是1厘米。虽然这样的半两钱不能重如其文，但它的存在，说明北碚在进行贸易时使用的是汉朝通用的钱币。

北碚庙嘴墓地M1遗址

东汉建立后，光武帝派人镇压了赤眉军和河北的小股农民军，平定了中原、陇西、巴蜀等地的割据势力，到建武十二年(36)完成了全国的统一。

---

① 重庆市文化遗产研究院、北碚区文物管理所：《北碚区庙嘴墓地考古发掘简报》，载重庆市文化遗产研究院、重庆文化遗产保护中心编著《嘉陵江下游考古报告集》，科学出版社，2015年，第214-216页。

东汉时，巴郡属益州，下辖十六个县，其中第一个即江州，第八个为垫江（今重庆合川），北碚就在江州、垫江交界之处。从疆域上来讲，巴郡是一个非常大的地区。根据《华阳国志》卷一《巴志》记载，汉桓帝永兴二年（154）时，巴郡太守但望根据宕渠人赵芬、弘农人冯尤、垫江人龚荣等百余人的建议，向朝廷奏报说，巴郡地缘广大，周围万余里，郡中有464780户，人口达1875535人，而且基层不好管理，主要原因是太分散，较远的县离郡治竟有1500里，即便在县中，远的乡离县治也有近千里。这样的大郡，实难管辖，应该将巴郡一分为二。他们的意见最终没有被朝廷所采纳，但是，从此以后，将巴郡进行分解的提案却不断增加。[①]

至东汉献帝兴平元年（194），益州牧刘璋最终将巴郡一分为三，变为巴郡、永宁、固陵三郡，于是就正式出现了“三巴”之名。其中，永宁郡的疆域是从江州到临江，包括北碚。到了建安六年（201），改巴郡为巴西郡，改永宁为巴郡。此时，江州归属巴郡，而垫江则属于巴西郡。北碚从此地处两郡——巴郡及巴西郡之间。这样的行政区划，一直维持到隋朝初年。

在北碚，有一条位于嘉陵江小三峡之温塘峡东岸的古朴小道，叫作“张飞古道”。说起张飞，我们都非常熟悉，他是三国时期著名的猛将，桃园结义的三兄弟之一。据说，张飞一生曾经两次经过这条小道，故被叫作“张飞古道”。这是

① （晋）常璩著，汪启明、赵静译注：《华阳国志译注》卷一《巴志》，四川大学出版社，2013年，第21页。

怎么回事呢？这事还要从刘备攻取益州时说起。根据《三国志》记载，刘备为占益州而攻打刘璋，张飞与诸葛亮等从荆州逆流而上，到达江州，擒获了严颜，张飞以德服人，最后释放了严颜。后来张飞与刘备在成都会合，刘备派张飞去做巴西郡太守，他在今天的四川阆中镇守七年。张飞当初从荆州沿江而上时，必经过沿途各郡县。所以，张飞确实是有可能经过这条小道的。但是，当他第二次经过这条小道时，已经不是活生生的大将军了，而是一颗头颅。原来，关羽被东吴杀害后，刘备命张飞从阆中起兵攻打东吴，为关羽报仇。尚未出发前，张飞就被范疆、张达二人割下头颅投奔东吴了。范、张二人“持其首，顺流而奔孙权”[①]，从阆中顺流到南京，必定也是沿嘉陵江到长江。所以，张飞古道可能是后世为了纪念张飞才将这条小路命名为“张飞古道”的。

北碚温塘峡张飞古道（刘道敏 摄）

由此可见，北碚与三国时期的历史文化也有很深的联系。但在三国及以后，北碚的具体情况是怎样的呢？

① （晋）陈寿撰，陈乃乾校点：《三国志》卷三十六《关张马黄赵传》，中华书局，1959年，第944页。

四、继古开今的东阳建郡

魏武帝曹操灭掉张鲁以后，曾遣将分守三巴之地，巴郡太守叫作任约。蜀汉先主刘备入川之后，巴郡下辖六县，包括江州在内。蜀臣杨戏、赵云等皆曾都督江州。后主初年，李严屯兵江州，曾请求设置巴州，总辖五郡，但丞相诸葛亮没有同意。不久，将属于巴西郡的垫江重新划给巴郡，这样，北碚就完全属于巴郡管辖了。魏国灭蜀以后，分益州为梁州和宁州，梁州管辖巴郡，巴郡下仍领四县。总之，虽然郡一级的行政区划不断有所变动，但北碚一直处于江州、垫江二县边境，这一情况没有改变过。直到西晋时期，巴郡的设置依然如此。[①]

西晋是司马氏建立的王朝，也是中国继秦汉以后再一次全国统一的时期，但只存在了五十多年，政权便转向南方，东晋建立。与东晋对峙的，称为“五胡十六国”，北方成为各族政权鏖兵的战场。虽名十六国，实际上总计有二十多个政权。这些政权中，只有成汉在西南的巴蜀。

成汉时期，在巴郡设置荆州，下辖四县。成汉灭亡后，被东晋占领，仍是这样的行政划分。前秦时期，将梁州、益州二州合并，又设置宁州，以管辖巴郡。此时的北碚，仍然属江州、垫江边地。

南齐时，设立巴州，原来的巴郡隶属于巴州，并将江州改为垫江，而原来的旧垫江划归东宕渠郡统辖。巴郡仍领

① 民国《北碚志稿（1945）》第四册《大事记》，重庆市北碚区地方志办公室编印，2016年，第158页。

四个县，北碚属于垫江。

根据南宋王象之所撰的《舆地纪胜》记载，南齐明帝建武元年（494），割巴郡的一部分，设置为东阳郡，领丹阳一县，后周时始废。东阳故城，在巴县西一百里。[①]除了这本书以外，《通志》《蜀中广记》《舆地碑记目》等书均提及东阳郡。据传，东阳郡的治所就在今北碚的东阳镇。可以说，这是北碚在这一历史时期最高级别的行政区划了。虽然，我们在今天的东阳镇并不能找到相关的文物和记载，但是，根据文献记载，五代后蜀广政年间，在北碚东阳镇中心，曾立有碑石五通。这些石碑今已亡佚，其中是否有关于东阳郡设立过程的介绍呢？已不得而知了。

不过，对于北碚来说，南北朝时期是一个历史的转折点。从国家层面来讲，封建领主制逐渐向封建地主制过渡，历史在这里找到了一个新的出口。从地方层面行政变迁的角度来讲，东阳郡的设立使北碚由被其他州县统辖，变成为独立的行政区划，这是一个崭新的时代，表现了北碚自身地位的提升，为明清时期北碚的开场奠定了基础。

北碚的行政区划，在南北朝后期也发生了一定的变化。梁太清四年（550），武陵王萧纪于巴郡设置楚州，萧纪失败后，巴郡之地并入西魏，又改楚州为巴州，仍领巴郡。北碚受垫江管辖，而垫江不久被改称巴县。这时巴郡所领辖的土

① （嘉庆）《四川通志》卷五十《舆地志》四十九《古迹》三“重庆府 巴县”条云：“古东阳郡，在［巴］县西一百里，《旧经》云，齐建武元年，割巴县置东阳郡。”《旧志》：“周时始废，今为东阳镇。”见四川省地方志编纂委员会辑《四川历代方志集成·第四辑》，国家图书馆出版社，2017年，第38–39页。

地，仅巴县一县而已。西魏恭帝三年(556)，设置合州，治所在石镜(宋初改为石照，即今合川)，合州的得名，是因为涪江与嘉陵江合流于此。巴州、合州并立，这就是当时北碚行政区划的概况。

五、翰墨留香的唐宋遗风

公元581年，隋文帝杨坚取代北周，建立了隋朝，经过七八年的努力，灭掉了南朝的陈，平定南方，统一全国。隋文帝时，曾一度改巴郡为渝州，隋炀帝大业初复改为巴郡。

隋朝的很多政治经济制度，都被后来的唐朝所继承。隋唐时期，是中国古代少有的繁荣时期，社会发展，国家富强，文化昌盛。唐太宗时期，根据全国的山川形势，将全国分为十道，即关内道、河南道、河东道、河北道、山南道、陇右道、淮南道、江南道、剑南道、岭南道。后来到了唐玄宗开元二十一年(733)，又在十道的基础上，分山南道为山南东道和山南西道，分江南道为江南东道和江南西道，又增置了黔中道、京畿道和都畿道，从而变成了开元十五道。北碚所处的重庆当时属于山南道，开元二十一年以后属于山南西道。巴郡在唐代称渝州，在唐玄宗天宝年间，曾一度改为南平郡，但不久就取消了这一称谓。

北碚地理位置优越，水路便利，是从剑南道到中原地区的重要通道。由唐及宋，有很多文人骚客，均途经于此。著名的诗人如陈子昂、李商隐、丁谓、彭应求、周敦颐等，均曾来过北碚，并留下许多名篇佳作。同时，北碚人杰地灵，在唐宋时期，还有很多著名的人物生活于此，或者与之发生过交集。

陈子昂，生于唐高宗龙朔元年(661)，卒于武后长安二年(702)，梓州射洪(今四川省射洪市)人，唐代文学家、诗人，是初唐诗文革新人物之一，唐代古文运动的倡导者。他的名篇《登幽州台歌》，万世传唱。因曾任右拾遗，后世遂称陈拾遗。他曾坐船沿嘉陵江而上，路过今东阳镇附近的东阳峡(今温塘峡)，于是作了《入东阳峡与李明府舟前后不相及》一诗：

东岩初解缆，南浦遂离群。
出没同洲岛，沿洄异渚濆。
风烟犹可望，歌笑浩难闻。
路转青山合，峰回白日曛。
奔涛上漫漫，积水下沄沄。
倏忽犹疑及，差池复两分。
离离间远树，蔼蔼没遥氛。
地上巴陵道，星连牛斗文。
孤狖啼寒月，哀鸿叫断云。
仙舟不可见，摇思坐氛氲。

这首诗描写了在嘉陵江上乘船时江水奔流、速度极快的情景，也描写了两岸旖旎的风光。山上霭霭的云雾和绿树互相映衬，船只在江面上行驶，空旷又安静。但自己所乘的船因水流及滩渚的原因，已和友人的船只失散，友人渐行渐远，诗人在后面追赶，前船却音信渺茫，焦急的心情溢于言表。

后来他又从合州南下，路过东阳峡，写了《合州津口别舍弟至东阳峡步趁不及眷然有忆作以示之》诗：

江潭共为客，洲浦独迷津。
思积芳庭树，心断白眉人。
同衾成楚越，别岛类胡秦。
林岸随天转，云峰逐望新。
遥遥终不见，默默坐含嚬。
念别疑三月，经游未一旬。
孤舟多逸兴，谁共尔为邻。

陈子昂与弟弟这次短暂的相聚，给他留下了深刻的印象。

北碚地理环境优美，文化积淀深厚，在江山一色之中，还有佛音袅袅，古刹钟声。唐宋时期，士人有在寺庙中留宿、读书的习惯。[①]在北碚的一些佛寺中，经常有文人经过、留宿。宋代推官彭应求曾夜宿温泉寺，作《宿温泉佛寺》，诗云：

公程无暇日，乍得宿清幽。
始觉空门客，不生浮世愁。
温泉喧古洞，寒磬度危楼。
彻晓都忘寐，心疑在沃州。

① 严耕望：《唐人习业山林寺院之风尚》，载《严耕望史学论文选集（上）》，中华书局，2006年，第232-271页。

诗人在这首诗中，首先表达了对佛寺清幽之地的赞叹和向往。只有在寺庙里面，人心才能安静祥和，而没有尘世中的烦恼。然后又对温泉寺中的风光进行了描绘，展现出一座威严而又古朴的佛刹形象。他把这首诗题写于温泉寺的墙壁之上，以供游人观赏。嘉祐元年(1056)，北宋著名理学家周敦颐从南昌知县任上改任合川判官，顺江逆流而上，过渝州，听说有温泉佛寺，就来参观，于是看到了彭应求的诗，欢喜异常，因为他早就听说过彭应求的诗名。他连忙将诗抄下来，寄给了彭应求之子、益州路转运使彭思永。彭思永回信答谢，并请周敦颐为这首诗写一篇序文，刻于石上，立于温泉寺中。于是周敦颐写下了《彭推官渝州温泉寺诗序》一文，镌于石碑之上。事过163年后，南宋嘉定十二年(1219)冬，重庆知府庹性善发现了早已湮没的石碑，如获至宝，将其复制，并为其作“跋”，收入《周濂溪集》中。据乾隆年间修的《巴县志》记载，此碑当时还立在温泉寺内，但今已无存。周敦颐在北碚温泉寺的流连与写作，丰富了北碚的历史文化。

周敦颐

在北宋末期，渝州称为恭州，后又于南宋的时候升为重庆府，从此就有了“重庆”这个名字。北碚在当时是属于重庆府之地。

两宋之际，北碚曾经出了一位著名的人物，叫冯时行，他曾在宋徽宗宣和年间考取进士。由于他“不畏强权守清风，万世流芳爱黎民”，被后人尊称为“巴渝第一状元”，成为北碚乃至整个重庆地区非常重要的历史名人。他生于宋哲宗元符三年（1100），卒于宋孝宗隆兴元年（1163），字当可，号缙云。他的出生地在今天的重庆，但具体的籍贯地点，却有不同的说法，下面略作介绍。

南宋李心传的《建炎以来系年要录》、明凌迪知的《古今万姓统谱》、明官修《大明一统志》、清光绪十九年（1893）《奉节县志》，均称冯时行为巴县人。而在重庆朝天门水下发现的“灵石”《晁公武题刻》却说“璧山冯时行”，嘉庆《四川通志》、同治《璧山县志》及乾隆《钦定续文献通考》也称冯时行为璧山人。除此之外，清道光二十四年（1844）的《江北厅志》还称冯时行是江北乐碛（今重庆市渝北区洛碛镇）人。总之，众说纷纭，莫衷一是。[①]那么冯时行的籍贯到底在哪里呢？

一般认为，他的籍贯在璧山，但家在江北乐碛（据说有他母亲的祖屋），后在缙云山读书，其活动范围有百里之遥，跨越璧山、巴县和江北。其实，我们也可以笼统地把冯时行说成是重庆人，另外，不管是巴县、璧山还是江北，都包括今天北碚所在的地方，因为北碚本就是江巴璧合交界之处。再加上冯时行从小就在缙云山下读书，所以我们说冯时行与北碚有莫大的渊源，并不是没有根据的。今北碚梁滩坝有其祖宅，

① 民国《巴县志》即兼采诸说。

冯时行自幼便读书于此。也有的说他是在缙云山上缙云寺中读书。

冯时行

冯时行聪明好学，博闻强识，他立志参加科举考试以求取功名，参加乡试、会试，经过层层选拔，在宋徽宗宣和六年（1124）参加了殿试，登进士第。刚开始，他只被任命为云安尉（今重庆云阳县），也就是县一级衙门中的副职。他在云安尉任上干了三年，南宋建立以后，建炎元年（1127）调任奉节尉（今重庆奉节县），又过了三年，建炎四年（1130）调任江原丞（今四川崇州市江原）。任职期间，他显露才华，深受川陕抚谕杨愿的器重，极力向朝廷推荐，旋擢为左奉礼郎。冯时行于绍兴五年（1135）任丹棱知县（今四川眉山丹棱县）。绍兴七年（1137），冯时行奉召入京，任左朝奉议郎。

北宋末年，发生靖康之变，徽钦二帝被金兵掳走，成为宋朝的奇耻大辱。但南宋初期，以宋高宗赵构、丞相秦桧为首，推行的是不抵抗政策，虽有李纲、岳飞力主抗金，但仍不能力挽狂澜。冯时行也是主战派之一，于绍兴八年(1138)晋见高宗，呈上《请分兵以镇荆襄疏》，奏明金人议和不足信，请选大臣重兵镇荆州，使岳飞得以专心致力于江汉间，对抗金人。冯时行性格耿直，面对不抵抗金朝的宋高宗，他引用西汉高祖刘邦对项羽说的话劝谏宋高宗。他说，当初项羽抓住了刘邦的父亲太公，想以他为人质，要挟刘邦，结果刘邦说，“将来太公死后愿分一杯羹”，难道您想学刘邦吗？连自己的父兄都不要了吗？高宗听后大怒，于绍兴九年(1139)将冯时行外放为万州知府(今重庆万州区)。不仅仅是冯时行，当时的忠臣义士都不受重用，而朝廷却一味议和，不久，就和金朝签订了《绍兴和议》。

冯时行在万州任上，劝课农桑，保境安民，处决了万州江边的恶霸孙奇虎，从而得罪了万州转运判官李炯。绍兴十一(1141)年的一天，李炯登门拜访冯时行，开口便称：“恭喜冯大人，贺喜冯大人！”冯时行颇感意外，说：“李大人，不知冯某喜从何来？”原来李炯是想让冯时行将官仓中贮藏的赋税银两拿出来到朝廷去打点，说白了就是孝敬丞相秦桧，以求加官晋爵。冯时行厉声说：“冯某绝不会拿百姓的血汗钱，来满足一已之私的！送客！”气急败坏的李炯一声令下，五百飞虎军直奔官库，就要打开仓库。冯时行一看大事不好，立刻前往官库，坐在大门口，以死相抗，才算保住了官库，保住了百姓的血汗。李炯恼羞成怒，连夜写信密告秦桧，说冯时行不但不识时务，反而沽名钓誉，煽动百姓闹事。秦桧接到密信，趁着残害岳飞等抗金名将之际，将冯时行削去官职，发回原籍。

回到家乡的冯时行，结庐授课，传授弟子，“坐废”十七年之久。直到秦桧死后，绍兴二十七年(1157)，冯时行才又复起任蓬州知州(今四川蓬安县)。绍兴二十八年(1158)冬，又任黎州知州(今四川汉源)。绍兴三十一年(1161)，金人背盟，冯时行被高宗再次召见，上《请易田师中用张浚、刘锜疏》，疏中说，“自古未有人主退而能使天下进，人主怯而能使天下勇，今之形势……愿陛下舍一己之好恶”，勉用张浚、刘锜等将领抗金，并提出“宜省官吏，减州郡冗卒”。[①]于是被擢为右朝请大夫，提点成都府路刑狱。冯时行于宋孝宗隆兴元年(1163)逝世于雅州(今四川雅安)，享年63岁，死后被追为“古城侯”，初葬雅州，后移葬巴县鱼嘴沱(今江北区鱼嘴镇)。雅州人曾立“古城冯侯庙碑”，以纪念冯时行的功德。

冯时行的正直、清廉受到世代传颂。在北碚，有一个地方叫状元碑，在缙云山下五里梁滩坝内。明代万历十八年(1590)，赐进士出身、观吏部政、癸酉解元胥从化，为南宋“巴渝第一状元”冯时行立了一块碑，以纪念冯时行。上面刻有“状元乡”三个大字，直到清乾隆年间，这块碑还立在那里。后来，这个地方就被称作状元碑了。

冯时行著有《缙云文集》四十三卷、《易论》二卷，均已亡

① (宋)李心传撰：《建炎以来系年要录》卷一百九十二，中华书局，1956年，第3207-3208页。

佚。明嘉靖中，重庆推官李玺刊《缙云先生文集》四卷，其中卷一至卷三为诗。《四库全书·缙云文集·提要》说冯时行的诗“忠义之气，隐然可见”。如他写的《村居》诗云：“猿啼冷日谁家梦，故国愁牵几曲肠。篱菊何曾忧战伐，夜添寒蕊趁重阳。”就表达了对当时国家形势的担忧之情，同时也体现了诗人愿意随时参加抗金战争，为国家做出牺牲的大无畏精神。

在北碚三圣镇以北约4千米的是平村，曾发现了4座南宋时期的墓葬，其中出土了40多件瓷碗、瓷壶、瓷盏、陶灯及石刻文物。这些墓都是以石板、石条筑壁，墓顶以楔形石条砌成，或以拱形石梁放在石柱上构成的单室墓，是典型的南宋墓葬形式。但由于这些墓葬中的出土文物很少，难以了解其墓主人的生平事迹。

不过，在北碚发现的另外一座南宋时期的墓葬，里面有比较丰富的信息，是研究当时北碚及其周边地区历史的重要依据，它就是我们要说的杨元甲墓。杨元甲墓是2013年4月在北碚发现的，位于澄江镇澄江村塘沟社苦塘沟旁边的一处小山坡上。墓主名叫杨元甲，墓是一座石室墓，是杨元甲夫妇的合葬墓。墓内出土了少量随葬品和一方墓志，以及志主的楞严咒、敕告文等宗教文物。这方墓志具有非常重要的学术价值。

我们首先来看一下墓志本身，[①]这是一方长方形的墓志，上面交代了杨元甲的生平事迹：

① 该墓志收藏于北碚博物馆。

杨元甲墓志

巴岳先生，姓杨，讳元甲，字春卿，濮国之南山人。文学行义，为世所宗，英风义概，照映□[1]笏。尝从军陕右，拊接有恩，关表军民，仰之若父母。人以是知其有弘济之略。嘉定初，以四川宣抚司岁□擢利路将漕属官。继任南充、江津二县□。未几，改除夔路帅，□卒于治所，年六十有三。官至从政郎，有《巴岳文集》行于世。孤子端靖、端揆，敬奉灵骨，藏于缙云之侧。粗纪要略，□措玄宫。□峰联青，一水凭绿。□化丹陵，兹焉瘗□。

从中可知，杨元甲是合州南山人，合州即今重庆合川区、铜梁区、四川武胜县一带。他曾经在关中地区做官，后来又在四川宣抚司下做过漕官。他一生中的主要职务是做过南充、江津二县的知县。后在夔路帅的任上去世。有学者研究后认为，杨元甲生活在南宋中期，生于乾道二年（1166），卒于绍定二年（1229），其妻为景氏。

杨元甲墓反映了南宋时期的墓葬形制，其中有很多精美的石刻，为我们直观地展示了当时的一些社会生活习俗。墓

① □代指无法辨认的字。

中的楞严咒、敕告文是有关佛教、道教的葬术题刻，是当时民间镇墓习俗的遗留，从中我们可以知道当时宗教的发展情况，及其与世俗社会之间的关系。

杨元甲墓妇人启门石刻

六、晨钟暮鼓的佛教圣地

迄今为止，北碚缙云山的佛教文化已经有一千多年的历史了。缙云山也因为这个原因一直被称为“川东佛教圣地”，千百年来，香烟缭绕，晨钟暮鼓，佛音袅袅，与四川青城山、峨眉山并称“蜀中三大宗教名山”。山上自古有很多寺庙，如缙云寺、大隐寺、石华寺、绍隆寺、温泉寺等。

缙云山，古名巴山，雄峙于北碚嘉陵江温塘峡西岸。此山层峦叠嶂，奇峰高耸，树木青翠，水石成趣。山间常有白云缭绕，似雾非雾，似烟非烟，磅礴郁积，气象万千。又有早晚霞云，姹紫嫣红，五彩缤纷。古人称“赤多白少”为“缙”，故由此得名“缙云山”。

缙云山（王飞 摄）

唐代著名诗人李商隐写过一首名为《夜雨寄北》的诗，云：“君问归期未有期，巴山夜雨涨秋池。何当共剪西窗烛，却话巴山夜雨时。”据说，这首诗是李商隐身居巴蜀时，写给远在长安的妻子的一首抒情七言绝句，是诗人给对方的复信。诗的开头两句通过问答和对眼前环境的描写，抒发了孤寂的情怀和对妻子深深的思念。后两句开始设想来日重逢谈心的欢悦，以反衬今夜的孤寂。这首诗与李商隐其他的辞藻华美的诗风格迥异，语言朴实，浑然天成，毫无雕琢之气，被学者评价为“寄托深而措辞婉”，所以千百年来吸引着无数读者，令人百读不厌。正因如此，巴山夜雨也成为人们熟悉和向往的风景。其实李商隐所说的巴山，就是北碚的缙云山。“缙云山……谓之巴山，据巴璧两县之地。”[1]

① 释尘空编，太虚大师鉴定：《缙云山志·地势》，汉藏教理院，1942年，第1页。

缙云山历史悠久,《宋灵成侯庙碑》说,“此山出于禹别九州之前,黄帝时,有缙云氏”。[①]世传黄帝曾合神丹于此山,山中有轩辕洞,民间传说,如果人间大旱,轩辕洞中必有风出,声音如吼,然后必然天降甘霖。

古代印度孔雀王朝的第三代国王阿育王晚年笃信佛教,据传说,他在位期间曾造宝塔八万四千座,以保存佛骨舍利。据说缙云山的宝塔峰上就有一座佛骨舍利塔,这可以说是缙云山与佛教的渊源。又据传说,佛祖释迦牟尼的弟子迦叶尊者应化于缙云山九峰顶上,示十三足迹,又饬袈裟印文于缙云山狮子峰。南朝梁吴均所撰《齐春秋》说:“渝州西百里相思寺北石山,有佛迹十三,皆长三尺许,阔一尺一寸,深九寸,中有鱼文,在佛堂北十余步。”[②]实际上,所谓迦叶尊者的十三足迹,是后人的附会。虽然狮子峰头有足印两个,但其深阔长短与吴均《齐春秋》所载不符,且无鱼文。时至今日,佛家古迹已被风雨暴日销蚀殆尽。

缙云寺坐落在缙云山狮子峰下,坐西北偏西,面向东南,占地约5000平方米。该寺创建于南朝刘宋景平元年(423),由僧慈应开山建寺,据说他在建寺的过程中,有三只灵物,一蟒、一鸡、一牛,朝夕献贡物品,以作护法。缙云寺建成后,历齐、梁、陈、隋以至唐,曾有僧人幽谷在此说法,感动二龙听法送水,至今水源不涸。唐太宗贞观二十年(646)十

---

① (明)曹学佺:《蜀中广记》卷一七《重庆府·巴县》,《文渊阁四库全书》第591册,台湾商务印书馆,1986年,第208页。

② (宋)李昉等编:《太平广记》卷三百七十四《渝州莲花》引吴均《齐春秋》,中华书局,1961年,第2972-2973页。

月，缙云寺侧的泉内忽出红莲花，面广三尺，经月不灭，凡是看到的游客，无不讶叹。

唐代有一位被称为“小太宗”的皇帝，叫唐宣宗李忱。宣宗大中元年（847），他为缙云寺赐匾额，名曰“相思寺”，这也是缙云寺上有相思岩的缘故。相思岩上雕刻有8个舍利龛，还有一系列佛教造像，岩壁上刻有凹龛贴壁佛像，但不知刻于何年。岩壁下部有宋代元祐年间（1086—1094）的石刻多处，形状如塔，下有方窟，用以收藏名僧骨灰，故名为舍利塔。《蜀中名胜记》说，相思岩上生有相思竹，形如桃钗，又有相思鸟，羽毛绮丽，筑巢在相思竹与树之间，食宿飞鸣。此鸟必雌雄一起活动，如果人们抓住其一，放进笼中，另一只必紧跟鸟笼，相随不弃。

缙云山相思岩（黄鑫 摄）

唐僖宗乾符元年（874），僧宏济重建缙云寺，历五代后梁、后唐、后晋、后汉、后周，一直到北宋。宋太祖开宝四年（971），慧欢禅师住持振兴寺庙，重葺殿宇。宋真宗咸平元年（998），缙云寺将宋太宗赵光义御诵过的梵经240函迎至寺中，焚香供奉。真宗景德四年（1007），敕赐寺名为崇胜寺，封主持僧慧欢为慈印大师。可见，在唐宋时期，缙云寺香火非常兴旺，是佛教的重镇。

缙云寺在宋元之际虽曾一度衰败，但佛法永驻，梵音不绝。到了明清时期，又重新昌盛起来。

缙云山另一座著名寺院是温泉寺。

温泉寺是缙云寺的下院，位于北碚北温泉公园内，同样始建于南朝刘宋景平元年(423)。这座庙宇十分辉煌，里面有很多石雕。尤其是南齐明帝以后，寺内香火兴旺一时。但经过北周武帝、唐武宗两度灭佛，毁坏很严重。

唐宋时期有很多著名的诗人都曾在此留宿，前面说过的陈子昂、彭应求等均留下了诗篇。唐代司空图还曾在此题诗："山容地脉本清凉，不解为霖却作汤。草木龟鱼困熏煮，漫赢尘垢涴僧坊。"北宋宰相丁谓来游，咏有《游温泉寺》诗，其中写道："客到留新句，人闲咏旧文。"据《重庆府志》《璧山县志》和《巴县志》记载，均称温泉寺"题咏甚众""诗碑林立"。

缙云寺石照壁

温泉寺在历史上占有重要一页，还因为这里是蒙古大汗蒙哥亡故之所。

1234年，南宋与蒙古联合，共同灭掉了金朝。宋理宗为了收复中原失地，发动了“端平入洛”的军事行动，从而激化了宋与蒙古之间的矛盾。1258年，蒙古分兵三路，进攻南宋：忽必烈攻鄂州（今湖北武汉市）、兀良合台由云南攻潭州（今湖南长沙市）、大汗蒙哥由六盘山和陕西攻四川。

蒙古与南宋的正面战争爆发后，四川是重要战场。南宋委派余玠镇守合州（今重庆合川区），他修筑工事，屯兵聚粮，延纳人才，虽然他于1253年去世，但为后来的合州保卫战奠定了基础。蒙哥军队在南宋军民的抵抗下，花了一年时间才打到合州城下。合州知州王坚和部将张珏坚守力战半年多。1259年7月，蒙哥在合州城外督战，被南宋炮石击中。而蒙哥因为受了伤，在温塘峡畔的温泉寺休息，最后因伤势发作，不治身亡。蒙古军撤退，合州之围解除。蒙哥的死，成为宋蒙前期战争的一个转折点。忽必烈立即同南宋秘密议和，撤军北归，争夺汗位。蒙古对南宋的战争暂时中止。温泉寺见证了四川地区军民顽强抵御蒙军的可歌可泣的历史。

纵观北碚几千年的历史，可以说是风云变幻。北碚就像一叶扁舟，在历史的汪洋大海中起帆漂泊；又像一只风筝，虽然不断腾飞，但永远离不开历史大势之手。随着时代的变迁，宋元以后，它的作用日渐凸显，在辖区之内，不断开场开埠，经济得以兴盛，政治地位得以提高，到明清时期，北碚历史又掀开了新的一页。

第二章 移民家园

明清时期，巴蜀地区经历了多次战火摧残，特别是明清鼎革之际的战乱，对区域社会经济文化造成了毁灭性破坏。清初政局稳定后，政府便大力招揽外省移民入川，形成了“湖广填四川”的大规模移民潮。移民的到来，为北碚经济发展、社会重建和文化复兴提供了充足的劳动力。一个以移民为主体、“五方杂处”的移民社会逐渐形成。清代北碚的乡场充满活力，文化多姿多彩，但同时社会治理也面临挑战。晚清时期，随着清王朝内忧外患的加剧，北碚社会动乱再起，北碚民众通过结寨自保、组织团练等方式守护家园。

一、明清鼎革与“湖广填四川”

明清时期，历经战火的北碚接纳了大量外地移民。他们带来了移民文化，并在这里扎根落叶，北碚成为他们定居的家园。连年烽烟并没有影响勤劳的北碚人民的生产积极性和生活热情。在移民和本地居民的共同努力下，北碚社会得到重建，重新恢复了活力。

明末清初，巴蜀大地战乱不休，社会剧烈动荡。除了康熙初年短暂的安定外，重庆基本上处于持续的战争状态。残酷的战乱使川渝地区人口大量损耗，田地荒芜，许多城镇与乡村被灌木丛和野草覆盖，导致猛兽肆虐。清初著名文人吴伟业的《绥寇纪略》记载：“蜀乱久，城中杂树皆成拱，狗食人肉多，锯牙若猛兽，聚为寨，利刃不能攻。虎豹形如魑魅饕餮然，穿屋颠逾重楼而下搜，其人必重伤且毙，既弃去，又不尽食也。荒城遗民几百家，日必报为虎所暴，有经数十日而一县之民俱食尽者。”[1]文中的情景令人毛骨悚然：长久的战

① （清）吴伟业：《绥寇纪略》，李学颖点校，上海古籍出版社，1992年，第296页。

乱致使城市荒废，原本矮小的灌木长成了大树，野狗啃食着尸体，成群结队。劫后余生的百姓时刻面临着猛兽袭击的危险，恶虎还会窜入县城，主动攻击屋内居民，每天都有人被虎袭击的消息传出。

清初，虎患遍及整个巴蜀地区，虎群之多，出入之广泛，实在是前所未有。[①]重庆本来就是多山之地，历经明末清初战乱的侵扰，虎患更为严峻。缙云山东西诸山及与綦江、南川接壤的山区时常有虎群出没。道光《重庆府志》记载，顺治三年（1646）“复有虎患，重庆当流贼残杀之后，几不遗民，五年戊子大旱，群虎白日出游”。民国《巴县志》也记载了康熙四十三年（1704）虎闯入城区的事件。

明末以来的连年战乱、灾荒、虎患，给川渝地区造成的破坏令人触目惊心。康熙三年（1664），新任四川巡抚张德地对属地进行巡视，眼见巴蜀一片荒凉，内心痛苦不堪。张德地的巡视路线包括川北、川东、川南和川西的成都地区。他从保宁（今四川阆中）出发，沿嘉陵江南下，经顺庆（今四川南充）到达重庆。这段行程正好要经过北碚。此行所经之地原本人烟稠密，但如今都是一派凋敝，罕见人烟。连四川总督的驻地重庆也不过居民数百家，其他州县民户更是稀少，甚至有只剩一两家的。昔日星罗棋布、热闹嘈杂的乡镇集市，而今已成为野兽聚集的荒野。由重庆溯长江上行至泸州后，张德地换作陆行，先前的商旅大道已是荆棘丛生，晚上也只

① 蓝勇：《清初四川虎患与环境复原问题》，《中国历史地理论丛》1994年第3期。

能住在芦草搭盖的棚舍中。这就是张德地上任伊始，巡视四川各地所见到的凄惨景况。此情此景，不禁让他放声大哭，不由得发出“有川之名，无川之实”的感慨。

清代川渝各地方志对这一时期的户口多有“靡有孑遗”“人烟断绝”的记录。这些记载或许有夸大的成分，但在一定程度上反映了明清易代之后川渝地区社会残破、人烟稀少的事实。当代学者的研究表明，清初四川人口在50—60万[①]，仅及今天四川一个中等县的人口数。四川如此大的面积，只存在如此少的人口，其景象确实是十分荒凉的。

清初巴蜀这种土地荒芜、人口锐减、民生凋敝的状况，使清政府面临着严峻的社会危机。在这种情形下，清政府总结明末政事教训，采取“宽松公正、因时制宜”的治蜀政策，安民成为治蜀的指导思想。为恢复生产，安定民心，巩固政权，清政府下达了一系列招流迫籍，特别是鼓励外省移民入川垦移定居和恢复生产的政策条例，主要有：移民开垦田亩，用给为业；允许外来移民“插占为业”；入川者准其入籍，准其子弟入籍考试；开垦田亩，准其五年起科；滋生人丁，永不加赋；给垦荒和“插占为业”的农民提供农具、种子、牛种；鼓励各省官员招民入川垦荒，成绩突出者晋升奖励，等等。[②]

在政府鼓励入川移民政策的感召之下，诸省人或奉诏而来，或自行而至，形成大规模的移民潮。这次移民大潮始于

① 李世平：《四川人口史》，四川大学出版社，1987年，第155页。

② 王雪梅、彭若木：《四川会馆》，巴蜀书社，2009年，第22页。

清顺治十六年（1659），历经康雍乾时期，一直延续到嘉庆初年，持续了130余年，数量在百万以上。在这次大移民中，计有湖广省（雍正初年，湖广省才分成湖北、湖南两省）、广东、福建、江西、云南、贵州、广西、陕西、山西、浙江、江苏、安徽、山东等10余省的移民入川，而以湖广籍人数最多，约占总移民数的一半以上，因而有“湖广填四川”的说法。对此，清人魏源曾谈到，明朝末年，“屠蜀民殆尽，楚次之，而江西少受其害。事定之后，江西人入楚，楚人入蜀，故当时有‘江西填湖广，湖广填四川’之谣”[①]。

清朝鼓励移民入川的政策，收到了显著效果。各地方志对这次移民潮也多有记载，如民国《巴县志》记载：“自晚明献乱，而土著为之一空，外来者什九皆湖广人”；光绪《江北厅乡土志》记载：“自明末遭献贼之乱，民靡孑遗，土著绝尠，类皆由楚迁”；民国《涪州志》记载：“自楚迁来者十之六七。”由此可知，重庆在明末清初的战乱中也遭到重创，清初的移民主要来自湖广、广东和

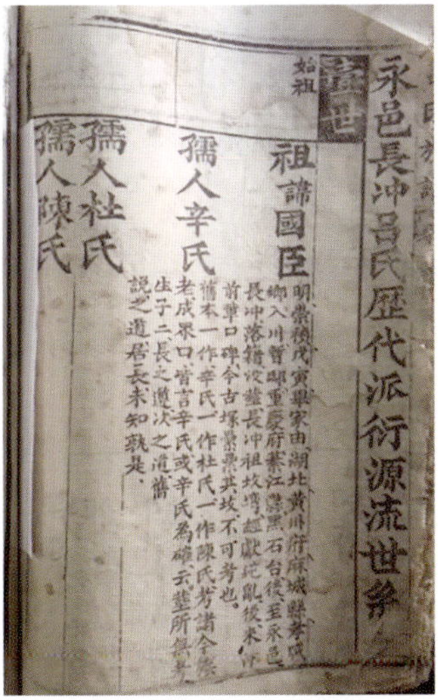

永川清代《吕氏族谱》[②]（李军 摄）

① （清）魏源撰，魏源全集编辑委员会编：《魏源全集》第十三册，岳麓书社，2011年，第320页。

② 该谱记载，始迁祖吕国臣于明末崇祯十一年（1638）由湖广麻城孝感乡迁至重庆綦江，后又因张献忠入蜀战乱转迁永川长冲。

福建等省份，以湖广为最。随着大量移民入川，川渝的人口、经济、风俗民情诸方面逐渐改变，一个以移民为主体、“五方杂处”的移民社会逐步形成。

二、日渐兴盛的乡场社会

对土地的渴望是驱使移民入川的最大动力。早期移民入川大都以务农为业，以自耕农为主。乾隆以后，佃农比例增多。和华南村落聚族而居，华北村落以屯、堡聚落形态不同，四川盆地的乡里农舍并不形成聚落，而是散点式分布。[①]清初巴县的乡民以湖广和广东移民为主，多是分散居住在山区，少有村落，生活条件艰苦，甚至通过刀耕火种的方式开垦耕作。由于居住分散，缺乏围墙等防护设施，因而常有盗窃发生。不过，只要勤劳耕作，生活还是有所保障的。

明代黑釉瓷谷仓盖罐

清代盖堆塑檐纹釉陶双联谷仓罐

① 梁勇：《移民、国家与地方权势——以清代巴县为例》，中华书局，2014年，第76页。

清代北碚在巴县北部，移民来到此地后的生活状况与上述情形相似，本地的族谱资料也可印证。例如，歇马镇虎头村《王氏族谱》记载，先祖王志贵于清雍正二年（1724）携妻子卢氏辗转来到歇马甘家槽（红庙）。起初，住在虎头村茅坪寺，开垦荒地度日，竹篱茅舍，非常艰辛。后来生有两子，但只有王仲元成了家。到第三代王芝贤时，家境稍好转，才修老屋院子[①]。柳荫《桂氏族谱》记载，始迁祖清台公本是湖广永州府祁阳县文明乡人氏，“康熙丁丑年，弃楚入蜀，于合州卖买生理。又于康熙丙戌年下乡德配祖母钱氏，乐业于重庆理民府礼里六甲，地名谭家岩坎上板沟，开辟田畴，修造房郎［廊］。及其闲暇，课读诗书。”[②]可知，桂氏的始迁祖入蜀后，先在合川从事了十年的贸易，可能有所积蓄，其后搬到邻近的柳荫镇永兴村务农垦殖，并娶妻生子，修造屋舍。“及其闲暇，课读诗书”，表明桂氏移居北碚后生活较为安定、富足。艰苦的创业和开发，铸就了川渝民众特有的吃苦耐劳的气质，这种气质代代相传，至今不衰。[③]在广大移民和土著居民的努力下，经过五十余年的恢复，至康熙后期，重庆的人口和耕地都渐渐恢复。以耕地面积为例，康熙十年（1671）仅12.4万亩，至康熙六十一年（1722）已达584.39万亩，到雍正六年（1728）清丈土地后更达1259.76万亩[④]。

① 虎头《王氏族谱》，第86–87页，2013年重修版，存北碚区歇马镇虎头村。

② 柳荫《桂氏族谱》，“续修谱序”，2001年重修版，存北碚柳荫镇永兴村板沟。

③ 王笛：《跨出封闭的世界——长江上游区域社会研究（1644—1911）》，中华书局，2001年，第58页。

④ 康熙《四川总志》卷十《贡赋》，雍正《四川通志》卷五，转引自周勇主编《重庆通史》第一册，重庆出版社，2014年第2版，第160页。

水土镇何氏宗祠[1]

水土镇杜家祠堂外景

① 该祠建于清代乾隆四年（1739），坐东南向西北，石木结构，四合院三重殿布局，正面入口为朝门，东侧为戏楼，南面临江为建筑主体，占地约180㎡。穿斗式夹壁墙，雕梁画栋。

与此同时，乡村的商品经济也逐渐繁荣，兴起了许多乡场。场是巴蜀地区的集市，分布广，数量大，川人赶集多称为"赶场"，是日常生活的重要内容。巴蜀场市繁盛与其特有的生态环境有关。乾隆《巴县志》记载："巴境地广阔，纵横千余里，越岭渡涧，离城窎远。日用所需，取给场镇，日中为市，以有易无，民咸便之。"[①]巴渝多山，居民傍麓依山，分散居住，需要借助赶场和集市来进行商品交易和社会交往[②]。至迟在乾隆中期，北碚的乡场便已有了相当数量。乾隆《巴县志》记载："白碚镇（即北碚），九甲，离城百五十里，三、六、九期。""蔡家场，二甲，离城五十里，二、五、八期。""金刚铺（即金刚碑），七甲，离城五十里。""静观场，八甲，离城百二十里，三、六、九期。""石坝场（今属北碚三圣镇），六甲，离城百四十里，二、五、八期。""接龙场（后改名偏岩场），六甲，离城百二十里，一、四、七期。"[③]

随着时间的推进，北碚地区的乡场继续增加，道光《江北厅志》中出现了一些新的乡场记录，它们都归江北厅礼里所辖："水土沱（今水土镇），去城八十里，一、四、七期。复兴场，去城九十里，二、五、八期。……三圣场，去城一百二十里，一、四、七期。"[④]

---

① 乾隆《巴县志》卷二《建置志·里社·场镇》，嘉庆二十五年刻本，第32页。

② 常建华：《清代乾嘉时期的四川赶场——以刑科题本、巴县档案为基本资料》，《四川大学学报》（哲学社会科学版）2016年第5期；李德英：《民国时期成都平原乡村集镇与农民生活——兼论农村基层市场社区理论》，《四川大学学报》（哲学社会科学版）2011年第3期。

③ 乾隆《巴县志》卷二《建置志·里社·场镇》，嘉庆二十五年刻本，第30-31页。

④ 道光《江北厅志》卷二《舆地·场镇》，清道光二十四年刻本，第4-5页。

清代北碚乡场的场期都是三天一次，乡场之间的距离在20—30里之间。作为附近几十里的经济文化中心，乡场一般处于交通便利且相对平缓的坪坝区域。如果两个乡场间行旅频繁，可能每隔五里或十里产生一个店子，如由北碚至歇马场途中，五里天生桥，十里双柏树，十五里回龙桥。亦有不限距离的，如北碚至蔡家场途中，有龙凤山、马道子、万家垭口、新槽房、长滩等。店子小而相距甚近。又如黄桷场至土主场途中，五里有幺店子，街长约一华里，人口百余，是北碚最大的幺店子。[①]

当时，水运是极为重要的交通运输方式，许多城镇都是沿河或沿江分布。北碚同样如此，北碚场、澄江口、黄桷场、蔡家场、水土沱等都沿嘉陵江分布。

北碚场在聚落形成之初并不靠近江边。相传明代北碚的场市名为义和场，在今雨台山公园、梅花村一带。明末乱后，义和场成为废墟。清初，场市移至江边杜家街（今文星湾附近）[②]，但常遭水患。嘉庆时期被洪水冲毁，场市迁往正码头附近。这一带是嘉陵江的一处渡口，因有碚石伸入江心，江流受阻，东折流向东阳，其南边遂形成一宽阔沱湾，清代的聚落即位于沱畔。

北碚的马鞍山与对岸东阳的石子山一脉相连，两山之脊各有大道一条，遥相对应。马鞍山大道由璧山、青木关、歇

① 民国《北碚志稿（1945）》第一册《地理编·聚落志》，重庆市北碚区地方志办公室编印，2016年，第195页。

② 民国《北碚志稿（1945）》第一册《地理编·聚落志》，重庆市北碚区地方志办公室编印，2016年，第195页。

马场东来，石子山大道由土主、清平等场西来，而北碚和东阳则是这两条大道的渡口，水陆交汇渐成场市。诚如清末本地乡绅所言，“北碚九保路当梁滩，接壤江璧合孔道”[①]。梁滩即梁滩河，流经北碚龙凤桥后称龙凤溪，在朝阳桥前的毛背沱汇入嘉陵江。北碚与江北、璧山、合川接壤，又为梁滩河入江处，是巴县北部的交通枢纽。

水土沱也是由码头发展成场镇。因嘉陵江流经此地形成回水沱湾，又因沙土淤积岸畔，故名。康熙年间设水土铺驿站，后又在此设置塘汛关卡。水土铺沱湾面积大，沙滩广，水流慢，当地人开行设栈，吸引过往船只停泊补给。乾隆中期，水土铺场镇日渐兴起，逐步取代昔日古镇——亭溪镇，成为嘉陵江下游重要的码头场镇。[②]清末置水土镇，隶属江北，1995年划归北碚区管辖。《江北县志稿》云：“水土沱，镇濒嘉陵江，上接合川，下连重庆，后通华蓥山麓一带乡村。故上下游运来之米粮、盐糖，与由山运出之煤、铁、磺矿，以此为最大集散场，市面繁荣，为本县各乡镇之冠。”[③]旧时又有“白天千人躬首，夜晚万盏明灯”的诗句，足见其繁华兴旺。

澄江口是北碚境内另一个繁华的场镇。澄江口与夏溪口都在沥鼻峡、温塘峡之间的嘉陵江西岸，分倚于一小丘之

① 《北碚场里正刘东轩等禀刘茂林等合办烟馆估卖私膏阻塞官膏恳封禁卷》，清6-31-849，四川省档案馆藏。

② 《水土镇志》，北碚区水土镇人民政府编印，2005年，第33页。

③ 江北县县志编纂委员会编《江北县志稿》（溯源—1949）卷三《食货志》，重庆市渝北区地方志办公室整理本，2015年，第219页。

南北麓。澄江口为场市，夏溪口为煤港，二者各自发展，民国时期联为一体。相传澄江口建场甚早，清初即已存在。由于经璧山而来的璧北河在此汇入嘉陵江，因而澄江口不仅为附近农村之场市，且为璧山县属七塘、八塘、依凤、临江等场的港口。澄江口丘陵地区农事发达，水田稠密，产米甚丰，其商业主要是粮食及日用品的交换。合川之米、杂粮、菜油、桐油、食盐、花生、海椒、木料、药材等，北碚之布匹、百货，草街子之山货等，都汇集于此。尤为重要的是，川北及自流井之盐，北碚及重庆之布，遂宁之菜油、桐油，均为璧山所缺之日用必需品，都经此输入。

而璧山货物由此出口者，有米粮及酒，销澄江口及附近各地；干炭及纸壳销重庆；方连纸（用竹筋制成）销遂宁，其中以纸类输出量较多。抗战后期，澄江口有纸类堆店四家，每年出口约二十万斤。油盐店及布店集中于街道的西端，街道中段多为茶酒面饭馆及旅栈，共三十余家。药店、纸堆店、杂货店等均分布街内各地，闲天生意冷落，场期生意旺盛。此外，有文具纸张店六家，成衣三家，照相及百货店各一家，为一般场镇所少见。[①]

有些乡场虽不沿江，但靠近陆路，交通便利，商旅汇集，被称为“旱码头”。例如静观场，地处华蓥山下盆地，“农产丰牣，民物殷阜，环拥各乡，交易有无，咸萃于斯，退各得所。

① 民国《北碚志稿（1945）》第一册《地理编·聚落志》，重庆市北碚区地方志办公室编印，2016年，第203页。

故旱码头市面繁荣者，推此为最”[1]。清道光年间，当地文人凌云《静观鳞集》诗中有“懋迁云集密如鳞，四面山光接水滨”之句[2]，反映出当时商贸的繁茂盛况。又如，偏岩场位于华蓥山南麓，是连接合川、邻水、江北的要冲。清初社会重建时，人们先是在上场横街修建房屋、商铺，后来商贸兴盛，开始扩建街市，形成上、中、下三段，乾隆二十年（1755）开设乡场。扩建后的偏岩场有戏楼、禹王庙（湖广会馆）、万寿宫（江西会馆）、武庙、端蒙书院等场所，店铺鳞次，商贾云集。[3]

偏岩古镇

北碚境内煤炭资源丰富。到20世纪初，北碚境内文星场、代家沟、二岩、缙云山南北坡已有煤矿数十家。较大的

① 江北县县志编纂委员会编《江北县志稿》（溯源—1949）卷三《食货志》，重庆市渝北区地方志办公室整理本，2015年，第220页。

② 凌云等：《咏塔坪八景组诗》，诗文刻于重庆市北碚区静观镇集真乡塔坪村塔坪寺清代古碑，笔者2016年8月17日抄录。

③ 北碚区偏岩镇人民政府：《偏岩镇志》，2005年，第26页。

煤矿有代家沟至文星场一带的福和煤厂、天泰煤厂、和泰煤厂、公和煤厂，二岩一带的复兴和炭厂、兴发公炭厂，缙云山南北坡的双连煤厂、屋基煤厂、翕和煤厂、久大煤厂等。[①]煤炭的开采对于清代聚落的形成与兴衰影响甚大。如大梁子刘家槽煤矿区为当时巴蜀最大煤矿区域。西南起水岚垭，东北起江北县界之石笋沟，包括麻柳湾、水垭厂、枧槽沟、后峰岩、老龙洞、楼梯沟、石笋沟等矿。据20世纪40年代的统计，在这个长10公里、宽10公里的长形槽地中，竟有人口约15000人。其间除矿厂、机器房、堆栈、工人宿舍外，兼有小商店、小摊贩等，星罗棋布，蔚为大观。北川铁路纵贯其间，车站成为小商业聚落核心。此外，还有文星场为一大商业聚落。

三、多元共生的文化与教育

随着乡场商贸的发展、社会的稳定，清代北碚的文化日益繁荣起来，呈现出多元共生、兼收并蓄的面貌。

（一）儒学教育

明清时期的教育体系一般由学宫、书院、义学与私塾构成。学宫，即孔庙，是官办的教育机构，只在府州县的治所设立，乡场是没有的。私塾，也称私馆，是传统社会最普遍的一种私人办学形式。私塾大致分为专馆和散馆两种。专

① 重庆市北碚区地方志编纂委员会：《重庆市北碚区志》，科学技术文献出版社重庆分社，1989年，第196页。

馆为一家或数家人专聘塾师给子弟授课;散馆则为教师自己设馆授徒。

1936年春,嘉陵江三峡实验区署成立,接管区内原属江北、巴县、璧山三县所辖各乡镇学校,增设农村初级小学,发展民众教育。据统计,当时共有完小4所,初小14所,学生1300人,教职员工47人;私塾66所,学生1203人,塾师66人,可见私塾在乡村社会影响之大。[①]20世纪40年代,江北仍有70余所私塾。国民政府教育部颁布整理私塾办法后,开始改良私塾,规定私塾使用部颁教材,废止教读传统的蒙学丛书、四书五经等,但未彻底实行。中华人民共和国成立后的最初几年,境内山区仍有零星塾馆,但很快便彻底退出了历史舞台。

义学是一种民办的免费初级教育组织,贫寒子弟均可入学。义学课程分读书与习作两种,教材与私塾略同。读书重讲解,习作重八股文。光绪二十八年(1902)后,义学先后改建为初等小学堂。据统计,自乾隆二十九年(1764)至光绪二十八年(1902),江北厅先后建立义学38所。由于史料缺失,清代北碚义学的具体数量已无从得知,但从江北厅的数据可以推测当时北碚的义学数量不会太少。

嘉陵江三峡区域的义学大多设立于嘉庆、道光年间,这或许与官府的提倡有关,经费则由本地士绅、富户倡捐筹办,或以祠堂、庙宇的田租收入以及私人捐款设馆延师。

---

① 重庆市北碚区地方志编纂委员会:《重庆市北碚区志》,科学技术文献出版社重庆分社,1989年,第391页。

复兴场的培英义学始建于嘉庆二十二年(1817)。是年,重庆官府倡导地方设置义学,邑绅黄为绂、文三太、贺荣华积极响应,募捐资金,在云山古寺内创设培英蒙馆,江北厅同知颁发牌匾,以示褒奖。此后,不断有乡绅捐资,规模渐增。道光六年(1826),又增设逊敏经馆。光绪五年(1879),改建为逊敏书院,后又相继改为塾馆、逊敏小学。

清代中晚期,由于学宫衰败,书院有较快发展。书院皆有自定的规章制度,由山长或院长主持。其性质有官办和民办之分,但更多是官民合办。经费多由官吏士绅捐募,购置学田、屋舍,也有官府用没收充公之产开设的。书院讲习的内容主要是八股试帖,有时也讲经义策论和对偶声律之学,多以科考为主。此外,书院还会讲明义理,提倡学生在身心修养上的躬行实践。就此而言,书院的儒学教育也发挥着重要的民众教化、道德宣扬功能。

清代巴县城内有乾隆二十三年(1758)改设的东川书院、嘉庆二十一年(1816)设立的字水书院,以及光绪十九年(1893)创设的渝郡书院等。巴县的场镇中,书院的建立不亚于治城。乾隆四十三年(1778)至光绪三十年(1904),先后创办有长生场三益书院、忠兴场归儒书院、鹿角场瀛山书院、白市驿观文书院、迎龙场朋云书院、石岗场凤冈书院、木洞观澜书院、惠民场辅仁书院、北碚朝阳书院、南彭场行余书院、接龙场登瀛书院、二圣场文明书院和小观音场书院等。[1]江北厅城内有嘉庆十一年(1806)创立的嘉陵书院。在

① 四川省巴县志编纂委员会:《巴县志》,重庆出版社,1994年,第553页。

乡场中，则有道光年间创办的王家场崇儒书院、石船场三益书院、静观场养正书院。同治、光绪时期，江北厅境内还创立了偏岩书院、逊敏书院、三台书院。这些书院中，朝阳书院（北碚场）、逊敏书院（复兴场）、玉屏书院（偏岩场）、养正书院（静观场）均在今北碚区境内。

偏岩玉屏书院旧址

清代嘉陵江三峡地区书院中的佼佼者当属朝阳书院。朝阳书院创建于同治初年，当时巴县官府刚剿灭了横行峡区多年的张氏四兄弟，如何处理善后，稳定乡民，防范新的变乱，成为知县黄朴亟待解决的难题。他想到通过设立书院以教化民众，端正风气。他在同治四年（1865）给上级的报告中说："北碚一带地处三峡，民情强悍，急应正本清源，兴设学校，以资化导"，他相信书院办好后，将可"士习端而民风正，一切暴戾顽梗恶习，自必逐渐涤除，胥归敦厚"。①

①《巴县申赍在北碚新设朝阳书院筹议章程造册呈核卷》，四川省档案馆藏，档案号：清6-23-1115。

黄朴说干就干，设立书院的场所和办学经费都是现成的。刚被处理的张三问的豪宅“房屋工料结实，间架宏敞”，正好改设为书院。张三同有多处充公的煤窑，折合白银2000两，按月1分生息，1年即有240两，可作为经费。接下来便要考虑书院的教职人员。黄朴打算延聘品行端方的举人、进士来掌教，训迪生童。每月课考，对优秀的生徒酌给膏火，补贴生活费，添派公正斋长经理其事。后勤方面，雇请看司看守房屋、器具。

黄朴算了一笔账，每年的花销包括山长束脩、生童膏火、监院及斋长薪资、看司公食，及维修添补各项，共需白银300余两，而所得息银仅240两，尚不敷用。为了避免“以经费不足，日久因循致稽善举”，黄朴垫补了缺款。同时，他详定了章程，要求书院严格管理，每年底都须将收支用款造册上报官府核销。

（二）信仰习俗

明清时期，随着商品经济的发展和社会文化的演进，出现了儒释道三教合一的思潮。巴渝地区深受移民潮的影响，信仰各异，由此形成了不同形式的祭祀场所（如寺、庙、宫、观、龛等）和祭祀组织（如观音会、关帝会、朝圣会等），成为民众日常生活的重要组成部分。值得注意的是，各种神明往往出现在同一祭祀场所，互不排斥。

1. 佛教寺院的复兴

明清时期，北碚的佛教寺院几经兵燹，多遭焚毁，但又先后复兴。

始建于南朝的缙云寺，香火千年不辍。明英宗时，有位永灯和尚十分博学，为一时名僧，于正统八年（1443）大兴修建。当时缙云寺的正殿，廊庑不下数十栋，住持僧众多达百余人，每天僧人诵经之时，梵音远播整座山峰。天顺六年（1462），英宗敕赐"崇教寺"。万历年间，神宗敕缙云寺为"迦叶道场"，万历三十年（1602）寺前建立石牌坊。

明代迦叶道场牌坊（黄鑫 摄）

明清鼎革，缙云寺化为灰烬。清初自然和尚从贵州来此结茅幽居，接续香火。此后，缙云寺先后在三位高僧的主持下重获振兴。首先是破空和尚。破空是楚襄阳谷城人，一代高僧。后随自然和尚来渝，传其衣钵，结庐讲法数十年，远近皈依。康熙二十二年（1683），修建大雄宝殿、经楼和佛像，殿宇初具规模。破空圆寂之后多年，明贤和尚发扬光大，于雍正二年（1724）修建天王殿，后又扩修，增置寺产，缙云寺“遂为巴壁诸山之冠，称胜境焉”。[1]然而，此后僧众多有不肖之徒败坏寺产。眼见古刹即将衰颓，智福和尚挺身而出，“振废起衰，不下十余年，而绀宇维新，气象丕变”，[2]于道光年间修建客堂及绍隆寺、观音堂。

1931年，太虚法师在此创办世界佛学苑汉藏教理院，1938年国民政府教育部拨款增设藏文编译处，请法尊法师主持编译汉藏教科书。汉藏教理院成为享誉世界的佛学高等学府。

缙云寺正殿

温泉寺在13世纪初因山岩崩塌而毁坏，明宣德年间重建，分为一门三殿。清乾隆年间，为了扩建殿宇，将山门改为关圣殿，四重殿由下而上依次为关圣殿、接引殿、大佛殿和观音殿。同治年间又将观音殿改建为铁瓦石柱，故又名铁

① 《智福上人碑记》，载释尘空编：《缙云山志·文艺》，汉藏教理院，1942年，第23页。
② 《智福上人碑记》，载释尘空编：《缙云山志·文艺》，汉藏教理院，1942年，第23页。

瓦殿。明清时期是温泉寺的鼎盛时期，庙宇得以重新修建，同时在寺前建造了接官亭，寺后迎流砌池，广方四丈，上翼以亭，无论天晴下雨，游人均可下池沐浴，并利用温泉水源和地形，修建了戏鱼池、半月池等，供游人观赏。这时的温泉寺，香客游客络绎不绝，有文官武将，有骚人墨客，有僧伽凡士……他们来这里观山玩水，吟诗作赋。诗人刘道开游后题诗《温泉寺》，诗云：

两崖环抱时王居，峡邃林深静有余。

几个长松巢野鹤，一池温水跃神鱼。

僧无白社能供酒，客在青豆好读书。

蜀道清华真富贵，鼓声过后不如初。

诗末有注："在巴、合之间，三峡之第二也。"一直到清同治以前，温泉寺都很兴旺发达。

温泉寺大殿

除了缙云寺、温泉寺以外，北碚著名的寺庙还有位于静观镇的塔坪寺。该寺原名小昆仑古藏寺，始建于南宋绍兴十六年(1146),耗时22年,至今已有850余年的历史。明嘉靖十年(1531),部分建筑毁于火灾,万历年间重建时因建石坊于殿前,更名为塔坪禅院。乾隆五十年(1785),从金剑山来了两位僧人,一名照开,一名照空。他们煮柏餐松,备尝艰辛,用了20余年,重修了寺庙。①

嘉庆三年(1798),塔坪寺因战乱被烧为灰烬。战乱过后,乡人邀请照空的徒弟普湛来此重修塔坪寺。普湛接受任务后,展现出极强的交际与动员能力,在此后近40年中募集了大量善款,陆续重建庙宇,较之前代更为宏伟漂亮。

塔坪寺宋代石塔②(李军 摄)

塔坪寺明代牌坊③(李军 摄)

2.移民会馆的普及

清初进入四川的移民为了寻求帮助,抵御其他外来势力

---

① 黄澍:《重建塔坪寺序》(道光十七年),碑存北碚区静观镇塔坪寺。

② 塔坪寺宋代石塔建于南宋绍兴年间,底座为正方形,周长24.8米,塔高14.4米,共有7层。底层有浮雕造像5尊,以上各层均存造像、窗龛,塔内有斜式石梯通往塔顶,每层均有窗,可供远眺。

③ 塔坪寺明代牌坊为石质仿木结构牌坊,二重歇山顶四柱三门,坊高12米,宽7米,正中有"第一胜境"横匾,落款"万历壬子岁建"[万历四十年(1612)],匾下门楣有人物浮雕及动物饰纹,造型古朴大方,工艺精湛。

的侵扰，多以同乡联谊的方式结成会馆。移民将家乡的神明引入新修的会馆中进行祭祀，大致情况如下：湖广籍，建禹王庙（禹王宫），祀禹王；福建籍，建天后宫，祀天后妈祖；江西籍，建万寿宫，主祀许真君；广东籍，主祀佛教六祖惠能；贵州籍，祀南大将军、黑神等；陕西籍，建陕西会馆（或三秦会馆），多祀关帝等；四川籍，则祀川主等。各会馆设首事、值年、司事（司馆）等管理人员，主持馆务。会馆之设，本为联合团体，敦睦乡谊。所以，凡事关同乡公益、慈善或保卫，皆尽量出力接济，以全乡谊，维护同乡权益。会馆每年会定期团拜、追祭或祀神、会议。在各自祀神诞期，演戏、娱乐、聚会，开展庙会活动，娱神娱己。会馆一般附设善会、善堂、义园，公贮经费以周恤同乡忧戚事故。其经费来源，一般由现任达官、富商捐资，其余由同乡共同捐集。[①]

北碚凑成湾碗椁墓

偏岩禹王宫（李军 摄）

清代北碚庙宇繁多，香火鼎盛，旧传城区有“三宫七庙”之说。三宫即文昌宫、天后宫、万寿宫。七庙即关帝庙（在

① 陈宝良：《中国的社与会》，浙江人民出版社，1996年，第231-232页。

原上海路)、禹王庙(在原天津路)、东岳庙(在火焰山,今北碚公园内)、王爷庙(在原天津路)、地主庙(在原北平路)、何家庙(在何家嘴)、观音庙(在原龙凤乡)。[1]其中,天后宫、万寿宫、禹王庙、地主庙分别是福建、江西、湖广、湖广黄州人的同乡和商业会馆。

在北碚的乡场,会馆建筑也很常见,尤以禹王庙为最。例如,水土场有禹王庙和万寿宫,规模宏大,都有歇山式大殿三重,大小三门,左右廊房、配殿、戏楼,塑有金身神像。万寿宫位于水土镇狮子口村,据《江北县志》记载是乾隆年间江西人建,又名江西会馆。[2]静观镇禹王庙,大殿塑禹王神像,正殿外有长形双层大坝,周围有烽火垣墙,高7米多。其戏楼工艺讲究,房顶呈八角形,翘檐雄伟壮观,廊檐雕塑庄重醒目,两侧还有泥塑狮子相对。[3]复兴场原有复兴寺,自清代建场后改为禹王庙,即湖广同乡会馆。建筑为四合院,前低后高,依坡而建,内分正殿、偏殿、书楼、戏台。民国以来,兴办新学,为乡镇中心小学所用。[4]偏岩的禹王庙为一纵向木穿斗大堂式建筑,始建于道光十二年(1832),与武庙钟鼓楼相邻而建,红柱粉墙,朴素大方。大堂正中立有禹王神像,头戴皇冠,身穿龙袍,静穆如生。[5]此外,黄桷镇有

① 北碚区朝阳街道办事处:《重庆市北碚区朝阳街道志》(内部发行),2003年,第228页。

② 北碚区水土镇人民政府:《水土镇志》(内部发行),2005年,第278-280页。

③ 北碚区静观镇人民政府:《静观镇志》(内部发行),2005年,第239页。

④ 北碚区复兴镇人民政府:《复兴镇志》(内部发行),2005年,第206-207页。

⑤ 北碚区偏岩镇人民政府:《偏岩镇志》(内部发行),2005年,第344页。

禹王宫，澄江镇有关岳庙。[①]其他乡场或许也有会馆，只是由于资料缺乏，其详情也就无法得知了。

3. 字库塔与文昌信仰

明清时期，儒、佛、道互相影响，呈现出合流的趋势，并最终导致佛、道的世俗化以及儒学的通俗化。[②]文昌信仰便是一个典型例子。文昌最早是星官名称。汉代以天象比附人事，认为文昌六星主司人间的爵禄寿命。魏晋至唐，四川梓潼地区（今绵阳梓潼）形成了宣扬孝道的梓潼神信仰。宋元以后，人们将文昌星与梓潼神相整合，形成了文昌帝君，又叫梓潼文昌帝君，认为其掌管士人功名禄籍及人间孝道。清代中期，官方将其纳入国家正式祀典，甚至与关帝并尊，在全国掀起文昌信仰的高潮。[③]随着文昌信仰的兴盛，惜字的习俗也普及开来，古人认为文字具有神秘性，不可亵渎。惜字者把惜字与所谓"天心""人道"等联系起来，惜字则为顺天心、合人道，为善举。人们建立惜字会，修造藏字塔，收集、储存废弃的字纸，择日集中焚烧。文星阁（字库塔、惜字塔）由此产生。

明清时期，北碚许多乡场都建有文星阁或文昌宫，有的单独建设，有的附设于文庙或道观。例如，北碚的文昌宫位于文星湾庙嘴，创建于明末清初，清乾隆四年（1739）重新修

① 民国《北碚志稿（1945）》第四册《文化编·古迹古物志》，重庆市北碚区地方志办公室编印，2016年，第28页。

② 陈宝良：《明代儒佛道的合流及其世俗化》，《浙江学刊》2002年第2期。

③ 文廷海：《清代四川文昌碑文与文昌信仰研究》，《四川文物》2005年第1期。

整，主体为穿斗式结构，三重殿四合院，占地1000平方米。殿宇背靠马鞍山，面朝嘉陵江，悬崖绝壁，雄峙江岸。1923年峡防团务局成立后，司令部即设于此。[①]静观旧时曾有文庙，与武庙（关庙）相连，有大小神像数尊。周围楼厢对峙，颇为雄壮。大殿正中塑有文昌神像，高约4米，系1941年修复。文庙的戏楼也很考究，雕梁画栋。[②]复兴的文昌宫也称文庙，光绪年间黄泽民倡议修建。正殿前后三进，规模宏大，惜于1931年毁于大火。[③]转龙乡（今属澄江镇）的字库（藏）位于石板场惠民宫山门外，建于乾隆三十九年（1774），是一座六角形，底座直径1.5米，高约7米，下大上小的五层石塔。第一层1.6米高，向外有一门，内如灶底，是供烧字纸的所在；第二层有方形出烟口。[④]蔡家岗的石井村和双碑村各有一座清代字库。字库用青石砌成，顶部有盖，中空，高约3米，皆毁于“文革”时期。[⑤]此外，东阳、水土和石坝（今属三圣镇）都有文昌宫、文昌阁遗迹。[⑥]

北碚保存得最好的文星阁位于今东阳街道黄桷社区老街朱家沱，石塔构建形制古朴，为六面七层仿楼阁式建筑，占地8平方米。塔正面炉门正对嘉陵江，两边各有一棵高大

---

① 重庆市北碚区地方志编纂委员会：《重庆市北碚区志》，科学技术文献出版社重庆分社，1989年，第524页。

② 北碚区静观镇人民政府：《静观镇志》（内部发行），2005年，第239页。

③ 北碚区复兴镇人民政府：《复兴镇志》（内部发行），2005年，第206页。

④ 罗玉章：《（北碚区）转龙乡志》，自印本，1987年，第171页。

⑤ 北碚区蔡家岗镇人民政府：《蔡家岗镇志》（内部发行），2005年，第261页。

⑥ 北碚区水土镇人民政府：《水土镇志》（内部发行），2005年，第278页。北碚区石坝镇人民政府：《石坝镇志》（内部发行），2005年，第178页。

的黄葛树。该塔主要以青石雕筑成，塔檐为六边形，底层边长1.5米，通高11米。塔顶有宝珠三个，相互重叠。以迭涩檐分作7层，每层高1.15米，各层镌刻有脊背、瓦垄、勾头、椽头、连檐等形状。外廊呈单檐、扳鳌悬空式造型。塔座为束腰须弥座，座宽1.5米，加上两层石阶高1.2米。须弥座由条石砌成，束腰处缠绕着黄葛树的根茎，座下有两层石阶。塔身第一层六棱，刻有笑狮望月。第二层六棱，刻有猛虎下山；有一洞口，为人们焚烧字纸的入口。横额上刻有“惜字藏”三个字。三至七层的塔棱呈镂空状回形纹饰，雕刻精美大方。第二、三、四、五层均有题刻，第一、六、七层无题刻。第五层正面有一石匾，刻有“文星阁”三个大字。

东阳文星阁及其局部特写（李军 摄）

文星阁修建后，文人墨客纷纷吟诗作赋，如第三层右侧题刻一：

法六书，五凤楼，终古销残经，收去□（孙）重香沐付膏油。鬼无哭，神无愁，河洛图书乃源头。天地精英还天地，一点灵烟冲斗牛。应效咸阳然焦土，应效秦皇灭孔周。宝塔嶙嶙插天外，锻炼文章光千秋。万丈光芒腾紫府，天上奎父敛丹邛。从今愿借藜燃火，任尔飞白拂素□，鸾凤蛇虫一炬收。庠生森麓雷炳章题。

右侧题刻二：

书契制从仓圣开，天何雨粟鬼何哀。缘知万尾留精气，漫掷绳头染俗埃。

一海凌云成不日，千寻拔地贮残灰。休云垦石贪风水，翰院多因惜字来。

阳江遥峙翰林庄，文笔汔留翰墨□。□□残编抛北碚，剧怜断简付东阳。

修□塔□凌黄葛，凿得灵根当锦囊。采把瑶珠归学□（海），阴功定媲琢堂烜。

廪生钟霞□题

左侧题刻一：

独峙柳阴中，屹立撑空际。饱我垂贤书，吐出好虹气。

沱水日悠悠，荡漾藏书处。侧影射江心，万古流东去。

郑春圃题

左侧题刻二：

塔影半从天外落，文光常泛斗牛间。嘉陵江上归舟晚，疑是蓬莱第一山。

王定轩题

这些题咏文辞绚丽，寓意美好，反映出人们对文字及其所承载的人文教化的崇敬，寄托着对文运兴盛、科第繁盛的期许。文星阁也由此成为北碚一道独特的文化景观。

（三）诗词歌咏

明清时期，北碚是重庆北部的游览胜地。雄奇秀丽的缙云山、险峻幽静的嘉陵江三峡以及源远流长的佛刹古迹，给文人墨客无限的灵感和创作激情。据《北碚诗词》一书统计，从唐代至1949年，共有113位诗人留下了关于北碚的诗作270余篇。其中，在辛亥革命以前，有48位诗人留下80余首诗作。清代为创作高峰，共有27位诗人创作了40余首，约占总量的一半。这些诗词多围绕缙云美景、三峡风光、佛刹古迹三大主题展开。

1. 缙云美景

缙云山雄峰环峙，乔木繁茂，其中朝日、香炉、玉尖、宝塔、狮子、猿啸、聚云、夕照、莲花九峰最有名。古人云："山有九峰，其中二峰最秀，一名香炉，一名狮子。"明代《蜀中名胜记》则记："此山有九峰，宝塔峰最著，亦阿育王塔八万四千之一也，迦叶尊者于九峰顶上。示一十三足又饬袈裟印文于狮子峰。"清中叶，巴县文士何仕昌曾授徒于此，留下数篇诗文。其一写道：

缙云九峰

狮子摩霄汉，香炉篆太空。朝阳迎旭日，猿啸乱松风。

夕照三千界，莲花七窍通。玉尖如宝塔，更有聚云峰。①

巴县因地域广大，双江奔流，山川秀美，形成了独特的山水文化。早在明代，文人们便选定"渝城八景"。到了清代

① 乾隆《巴县志》卷十六《艺文志·诗》，第8页。

乾隆年间，知县王尔鉴遍访境内名山大川，将八景淘汰三个，新增七个，形成了"巴渝十二景"，即金碧流香、洪崖滴翠、龙门皓月、桶井峡猿、字水宵灯、黄葛晚渡、海棠烟雨、缙岭云霞、云篆风清、华蓥雪霁、佛图夜雨、歌乐灵音。其中，缙云山"缙岭云霞"便是此次新增的。

水粉画·缙岭云霞(侯耘 作)

跻身"巴渝十二景"之后，缙云山名气更佳，引来众多诗人为它献诗。其中著名的有：

王尔鉴，河南卢氏人，雍正八年(1730)进士，乾隆十六年(1751)出任巴县知县。他博学多才，擅诗工书，在任内游览北碚，留下多首题咏。他给"巴渝十二景"分别作诗，其《缙岭云霞》咏叹：

蜀山九十九，萃此九峰青。霞罥悬丹嶂，云开列翠屏。
光华歌复旦，肤寸遍沧溟。更孕巴渝脉，人文毓秀灵。[1]

周开丰，巴县人，康熙五十九年(1720)举人，辞官回乡

① 乾隆《巴县志》卷十六《艺文志·诗》，第26页。

后，与龙为霖、何元鼎等结成诗社，后主讲于东川书院。他也是王尔鉴修撰《巴县志》的主要助手。他和王尔鉴相互唱和，写下“巴渝十二景”组诗，其《缙岭云霞》赞道：

谁分灵鹫秀，于此作云山。山到九峰静，云流一派闲。

赤城词赋里，黄海画图间。早岁为霖望，无心笑掩关。①

姜会照，字苍麓，江苏如皋人，任奉节知县。他醉心于巴渝山川之美，在王尔鉴、周开丰写十二景诗之后，也创作了组诗。对于“缙岭云霞”赞曰：

云来山掩云如失，云去山空影似留。

秀岭不曾分色相，赤城黄海望中收。②

周绍缙，福建宁化人，乾隆年间任定远（今武胜县）知县。其诗云：

仰观缙岭霞，上带赤云影。

何时脱尘缘，静入烟霞境。

此外，乾隆年间曾在川东道任职的张久镒与道光年间曾任重庆知府的王梦庚也都有诗作歌咏缙岭云霞。

缙岭云霞的奇妙变幻，在诗人笔下得以生动呈现。云淡为雾，雾浓为云，狮子峰上望云宽广如海，人在云上，飘然若仙。这种虚幻的境界，或许是文人喜爱缙云山的原因。

2. 三峡风光

温塘峡是嘉陵三峡的中峡，峡谷深邃，江水平静，悬崖挺立，犹如刀劈斧削，峡岩之腰，温泉如涌，景色秀丽。正德年

① 乾隆《巴县志》卷十六《艺文志·诗》，第32页。

② 李萱华：《北碚诗词》，西南师范大学出版社，1991年，第57页。

间四川佥事刘成德作《温塘峡》歌颂此地风光的妩媚多姿。诗曰：

我爱温塘峡，峡水一何深。
上有温泉水，下有青竹林。
竹可以为杖，泉洁空人心。
气歊无凛秋，熙然常若春。
我来思澡濯，庶无异患侵。
采彼坚中笴，恃杖扶吾身。
奈何薄奔驶，望岩不可寻。[①]

乾隆年间，合州知州王采珍领略峡中瀑布的缥缈美妙，作《夜过温塘峡听瀑布》赞道：

泉飞一丈瀑，月载一舟行。
岂有蛟龙窟，而来风雨声。
泠泠醒客耳，脉脉动吟情。
缅怀濂溪子，新诗许载赓。
波回巴字水，帆指钓鱼城。[②]

观音峡因峡口悬崖高处有观音阁而得名。两岸绝壁数仞，峡窄水深，沿江怪石嶙峋，江涛汹涌，为嘉陵江小三峡中最险峻的一峡。清人王尔鉴《观音峡》诗赞道：

一叶舟入观音峡，咄嗟幽森惊怪石。蜀中水石佳且多，未见如斯垛叠纠错之奇格。有时攲斜有时立，势如张弩又列剑戟。我每触之神魂虩，厚者薄者相砈硉。辟之阖之阖复

① 乾隆《巴县志》卷十五《艺文志·诗》，第28页。
② 李萱华：《北碚诗词》，西南师范大学出版社，1991年，第59页。

辟，大力者谁用手摭。左旋右纽纷如划，忽见洞府开。幽深疑是坤轴坼，水云石影吞吐之，出没变化蛟龙宅。旋见瀑布垂云窦，喷出石津液。穿林挂磴声珊珊，溅雪飞珠光白白。云根般雷几千寻，峰尖插天不盈尺。峡中九秋气未寒，两壁青苍循石脉。目不暇给舟已过，回首峡封江天碧。[①]

3.佛刹古迹

缙云山麓的温泉寺同样是明清文人歌咏凭吊的重要场域。

嘉陵江畔温泉寺（摄于20世纪20年代）

明正德年间，监察御史卢雍巡视巴渝，曾两次下榻温泉寺。其《雨中泊温泉寺下》诗云：

云山独上会江楼，又下巴渝欲送秋。江上波涛小三峡，灯前风雨一孤舟。

温泉见说能除疾，浊酒沽来亦解愁，野鸟有情俱水宿，夜深清梦绕沧州。[②]

① 道光《江北厅志》卷八《艺文志·诗》，第72页。

② 李萱华：《北碚诗词》，西南师范大学出版社，1991年，第27页。

该诗借景抒情，秋雨、孤舟、温泉、浊酒、野鸟等景物蕴含浓郁的情感色彩，思乡之情溢于言表。

明嘉靖年间，文士刘大谟途经温泉寺，题诗四首，其《温泉寺》二首抒发了对北温泉奇特山、水、泉、林的赞美，也表现了对禅意的参悟和人生哲理的思考。诗云：

绝壁摩青汉，温泉喷碧空。客来除旧染，人道有神功。
佛国波罗岸，禅林证悟笼。移舟长啸去，雾雨正溟濛。

温泉留胜迹，一线转层空。净洗尘寰苦，难名佛国功。
江河趋渤海，日月跳樊笼。回首十年事，浑如烟雾濛。①

康乾时期，江北名儒龙为霖曾作《游温泉、绍隆、缙云、石华诸山寺》五首，描绘缙云山诸佛寺各具特色的景致，并表达了对佛理的感悟，诗云：

寻胜来中峡，江流碧线牵。双岩天作合，一火地中然。
寺古云常覆，山幽鸟不喧。无烦试洗濯，早觉净尘缘。

同伴饶高致，乘闲恣壮游。更穷山后脊，直踞石边虬。
列岫围孤寺，层梯锁细流。绍隆松韵古，伫盼豁心眸。

夙爱缙云胜，探奇苦未闲。摩天峰突兀，倒汉水潺湲。
老衲云间卧，游人鸟外攀。千邮双足底，回首隔仙凡。

微日寒杉隐，轻烟野卉浮。无风香自远，不夜景常幽。
迦叶名空在，轩辕迹那求。惟余留带处，仿佛想风流。

① 李萱华：《北碚诗词》，西南师范大学出版社，1991年，第29页。

石华传古刹，造化敞奇踪。宛若垂双臂，天然枕一峰。
兼之江作带，况乃树犹龙。安得高僧榻，同听夜半钟。[1]

四、官绅、乡贤与社会治理

明末清初的巴蜀，受战争影响，地旷人稀，移民纷至沓来，编审户口、维护社会秩序成为当务之急。为此，川渝从雍正朝开始推行保甲制，将移民与土著一并纳入保甲制度之内，以强化对乡村的控制。[2]

（一）官绅共治的乡村社会

清代地方政府是高度集权的，所有州县的行政基本上是由州县官一人负责，佐杂官员严重缺额；同时，清代实行回避制度，州县官一般是外籍人担任，不悉民情。因此，仅靠州县官是无法对幅员辽阔的地域进行统治的，他们主要依靠衙门书吏、衙役、幕僚处理公务，在乡村则通过里正、保正、甲长、乡约、客长等乡保人员实施统治。[3]重庆也不例外。

清代巴县充当乡保等角色的有“团首”“保正”“乡约”“场头”“客长”和“坊长”等。团首是团练组织的首领人物，保正是保甲制度的产物，团练和保甲都是地方自卫性的治安组织，责任在于“弭盗匪而靖地方”；乡约、客长是地方政府

① 乾隆《巴县志》卷十六《艺文志·诗》，第17页。

② 常建华：《清乾嘉时期四川地方行政职役考述——以刑科题本、巴县档案为基本资料》，《清史论丛》2016年第1期。

③ 蔡东洲等：《清代南部县衙档案研究》，中华书局，2012年，第208页。

任命的管理地方治安、催收税粮、调停民间纠纷的民间代表，一般在村庄选任乡约，在城镇、乡场则多选任场头、客长、坊长。团首、保正与乡约、客长的职能多有重叠，也存在模糊的区别，前者以缉盗御敌为主，后者多主持维护地方社会秩序、参与治安管理、调解民事纠纷、协调民间交易等。[①]

清代地方控制体系中，除了上述由知县与僚属、职役组成的行政系统，还有由绿营兵组成的军事系统。按清代兵制，地方绿营兵建制自上而下为镇、协、营、汛。营是绿营基本单位，营兵分为存城兵丁和分防兵丁两种，前者职责为城防，后者为分防各汛及水、旱塘兵。汛一般都设在军事要地和二三线城镇，一汛有数十或上百人，其领兵官为千总、把总或外委，其分防区域称为“汛地”。

在汛地内，沿交通干线隔若干距离设一塘，派兵驻守，形成延续不断的“塘路”。沿水路而设的称水塘，沿陆路而设的称旱塘，有马匹的称马塘。塘是绿营兵的最小驻守点，故也称军塘，通常只有数人，其主要职责，一是分段驻军，控制要冲，维持当地治安；二是传递信息，兼有邮传快递功能。在兵兴之时，塘的功能以军警治安为主；承平时期，则其快递功能加强。[②]

清代北碚设有塘汛。据乾隆《巴县志》卷五《兵制》记载，乾隆十七年（1752）于重庆左、中、右三营内拨兵70名防守华

① 陈亚平：《清代巴县的乡保、客长与“第三领域”——基于巴县档案史料的考察》，《中西法律传统》2009年第7卷。

② 唐冶泽：《重庆出土清代〈沿河查盗章程〉碑考》，《中华文化论坛》2013年第1期。

蓥山。从重庆城到合川的嘉陵江段共设置有四个水塘：朝天门，三十里白崖（今磁器口），三十里七孔子（今北碚童家溪对岸），三十里土沱（今北碚水土镇），三十里草街（今合川草街），每塘驻兵两名，负责嘉陵江水道的治安。

乡贤在市镇和乡村社会的运转中，有着极为关键的影响力。乡贤是指在地方社会居于领导地位或有重大影响的人物。乡贤群体的组成结构复杂多元，他们中既有致仕在乡的达官贵人，也有屡试不中的落魄书生；既有富甲一方的地主商贾，也有家资微薄的孝悌君子；既有年高德劭的族长耆老，也有奋发有为的青年才俊；既有高居庙堂的闻达显贵，也有归隐江湖的侠客义士。这些政治地位悬殊、经济状况不一的群体，并非来自同一个阶层或阶级，却有着为桑梓百姓共同推崇的道义情怀和行为特质。[①]他们的社会地位近似于官而异于官，近似于民而又在民之上，他们虽非官方任命的政治群体，却在官民之间架起一座沟通桥梁，成为辅助官府进行基层社会治理的重要力量。尤其在乱世中，乡贤对地方社会的稳定作用显得更加重要。一方面，乡贤凭借其拥有的声望，在战乱时刻能够迅速召集大量的人力、物力来抵御危机；另一方面，相较一般平民而言，乡贤通常占有更多的资源，是起事者首选的攻击目标。因此，乡贤往往成为寨堡修筑的重要力量。

明清北碚的社会治理通过官方塘汛体系、准官方乡里组

① 白现军、张长立：《乡贤群体参与现代乡村治理的政治逻辑与机制构建》，《南京社会科学》2016年第11期。

织以及乡贤群体三者间的协作互补得以运作。清代的保甲制将高度分散的农村居民整体纳入国家控制体系中,成为国家政权向乡村社会延伸的重要方式。不过,官府对于乡村治理更多是一种有选择性的、危机式的处理方式,除非发生严重的社会动荡和案件纠纷,官府尽可能不介入乡村社会。乡村社会也拥有一套自我管理与民间秩序自我维护的机制。

(二)著名乡贤

乡贤作为一个居于乡村领袖地位的社会集团,往往会热心参与诸如兴学助教、扶危济困、铺路修桥、止斗息讼、主婚助葬、修缮寺庙等地方社会活动,并由此赢得乡民的拥戴。在漫长的中国历史进程中,乡贤始终是乡村社会建设、风习教化、乡里公共事务的主导力量。[①]历史上,北碚也涌现出一批值得称道的乡贤。

1.乐善好施的李乐恒

李乐恒,字春芳,号月楼,北碚牌坊湾人,生于清嘉庆二十年(1815),通过捐纳获得太学生的功名。祖辈家道赤贫,父死时,乐恒年方10岁,后随母移居黄桷镇,靠经营煤业发家致富,置田千余石,成为黄桷镇屈指可数的富商。

李乐恒热心公益事业,乐善好施,不独友于兄弟,孝于慈母,对人和善,礼贤下士,宿舍宾常满,遇人患难,辄倾囊相助,喜为人解忧。当时,江巴璧合各县的土豪为争夺贩盐地

① 王先明:《乡贤:维系古代基层社会运转的主导力量》,《北京日报》2014年11月24日第19版。

盘，往往聚众格斗，酿成惨剧。乐恒受任治理其事后，整理就绪，划定食盐销售区域，有条不紊，很受乡人称赞。

同治九年（1870），嘉陵江遭遇罕见的特大洪水，北碚场全被淹没，水深至屋顶；庙嘴文昌宫戏台被冲走。黄桷镇到土沱的大道三十华里，被洪水冲毁，道石荡然无存，致使陆上交通梗阻。因该路直接通过观音峡，枯水时间帆船往来，过客尚称便利，及至洪水季节，航道停顿，行旅戒途，望江兴叹。地方当局无人过问，乐恒自告奋勇，首倡集资修路，并以身示范，先捐资数千金。又于重庆各商号募集数千金，亲领其事，不分寒暑，日夜施工，在悬崖绝壁间重建了一条30华里的石板大道。①

2. 锁骨建桥的汤志长

汤志长，本是重庆牛市口人，光绪年间迁居江北厅黄桷镇，因以采卖草药和用草药治病为业，人称"汤草药"。汤志长家境贫寒，终身不娶，大半生岁月，都在江北、巴县各乡镇之间行医、采药。他摆草药摊为人治病，不计报酬，给钱就收，不给不索。尤善治疗癣疥痈疽及跌打损伤，很受贫民尊崇爱戴。

汤志长迁来东阳不久，发现明家溪中有两个桥墩基脚沉陷于淤泥之中，打听其缘由，得知是光绪四年（1878）里人陈石桥募捐建桥，适逢军中大员明耀先回乡奔丧，百般刁难阻止，刚下桥墩基脚即被迫停工，一搁二十多年无人过问。汤

① 重庆市北碚区地方志编纂委员会：《重庆市北碚区志·人物志》，科学技术文献出版社重庆分社，1989年，第533-534页。

志长赞扬陈修桥义举，不顾自己一贫如洗，人微言轻，立志续修此桥。于是一反常态，治病要收钱，卖药要讲价。有人问他为什么突然喜欢起钱来，他回答："为了修桥！"人们嗤笑他，讥讽他，他也不在乎，经常走乡串户，到处宣传架桥的好处。历尽艰苦，可到头来还是所募无几。

光绪二十九年(1903)的一个晚上，汤志长为实现建桥夙愿，他痛哭流涕，祷告神灵，旋即以一锋利铁锥，刺透自己肩窝下方，忍受着惨痛，穿进一条铁链将肩胛骨锁上，发誓桥一天不建成，铁链一日不卸下。从此，他便带着铁锁出外募捐，有时守候在明家溪渡口，有时到沿江各村镇，磕头作揖，向人募化。这虽然引得不少人同情，募到一些钱，但也有许多人以为他疯了，见他来了就避而远之。

不久，重庆书商吴文山回到黄桷镇下坝，看到汤志长毁身锁骨为民谋利的举动，深受感动，几次劝他卸下铁链，共商建桥。汤一再表示，桥不成功，决不取下铁链。吴文山见汤志长意志坚决，便将家中全部田产卖得白银600两，又约汤志长去重庆找巨商挚友黄义文募捐。汤见建桥已有把握，才卸下了锁骨的铁链。

黄义文被两人的一片苦心所感，承担了全部建桥资金。当场议定，由汤志长、吴文山主持建桥工程，即刻动工，不过一年工夫，明家溪上便建起了一座长70余米、宽7米的三拱石桥。可是，到了踩桥那天，汤志长却不知去向，迁徙他方了。人们为了颂扬他的功德，取名"明心桥"，并刻石嵌于桥身，以明锁骨建桥之心。从此，"汤草药"锁骨修桥的故事，在民间广为流传，至今不衰。[①]

3. 热心公益的王尔昌

王尔昌，北碚黄桷镇人，生于光绪五年（1879）。他继承祖业，经营煤矿五处，是北碚首屈一指的富商，曾任北碚管理局总商会理事长，北碚参议会参议员，国民政府赈济委员会委员，世界红十字会北碚分会会长，四川省商会联合会设计委员等职务。

王尔昌热心社会公益事业，对北碚发展教育事业捐资较多，卓有贡献。1944年在黄桷镇创办了尔昌小学，并为私立相伯女子中学修建教室、图书馆，捐赠法币18.6万元，担负两年校用煤炭费用；捐赠兼善中学土地两亩；捐赠教育部东北青年救济处东北学生升学班全部用煤和医药费；设立优秀清寒子弟奖学金，助其升学；积极为复旦大学购买校址等。同时担任了北泉慈幼院、缙云山汉藏教理院、立信会计学校、兼善中学、正本中学、合川濂溪中学、勉仁中学等8所院校的董事。1940年，东北学生补习班向王尔昌赠诗一首："学子莘莘萃一堂，风晨月夕苦研商，天涯今日俱薪火，独有巴东王尔昌。"1944年2月，国民政府教育部部长陈立夫赠予他"捐资兴学"一等奖状。

在北碚城乡建设方面，王尔昌也积极捐资赞助，曾为北碚平民公园捐资法币20余万元，建造入园石级数层。1939年，他出资将黄桷镇到水土沱30里之狭路，进行了全线修

① 重庆市北碚区地方志编纂委员会：《重庆市北碚区志·人物志》，科学技术文献出版社重庆分社，1989年，第534–535页。

整。1945年，他再次独自捐资30余万元，将大沱口至观音峡路面扩修为4尺宽，方便行人。

1939年，日寇轰炸频繁，王尔昌在黄桷镇的龙洞湾、松树湾、石业沟和油草坝等地开凿了防空洞4处，供当地居民使用。后来，他发现以上各洞距镇较远，对老弱妇孺极不方便，1941年春，又领头在黄桷镇附近的新桥、石桥另辟2洞，经费除少部分是募集外，其余均为他一人捐助。1940年夏秋之际，黄桷镇惨遭日机轰炸，凡无人认领的尸体，多由王尔昌出资购棺掩埋。每当轰炸起火时，他都雇人抢救。

1940年9月，国民政府实施粮食管理，号召捐献军粮。王尔昌积极响应，致函卢子英："鉴于我全国正在艰苦抗战，前线将士流血牺牲，战地同胞壮烈奋斗而枕戈待旦，誓杀倭寇之念至为热烈！唯弟年已六旬，复近衰老，报国无由，内疚良多，谨将弟本年全部租谷一百石，悉数捐献国家，以作军粮。"国民政府主席林森题赠其"忠义可嘉"匾额，以资褒扬。在当年的节约献金救国运动中，王尔昌带头献金1万元。此后又订出计划，每月捐献1000元，直至抗战胜利。冯玉祥赠其对联："尔业慈善垂宏远；昌期救国乐太平。"①

1946年1月9日，王尔昌逝世，冯玉祥亲临致祭，悼词云："先生大义大仁，扶危济困，惜老怜贫，修抚筑路，兴学树人。富而好施，誉满乡邻。抗战之际，公而忘身。献金踊跃，劳我军民。劝捐普遍，乃见苦心。荩忱(即张自忠将军)

① 重庆市北碚区地方志编纂委员会：《重庆市北碚区志·人物志》，科学技术文献出版社重庆分社，1989年，第538页。

战死，国之忠臣，愿为筑墓，永慰英灵……”郭沫若致悼词云：“兴学牖民启前裕后，文实在前仁者为寿；子子孙孙受天之佑，郁郁园林万年永茂。”[①]

4. 建设桑梓的唐建章

唐建章，江北县人，生于光绪十六年（1890）。唐氏是偏岩的望族，乡贤辈出。清朝时期，当地唯一的书院位于东山，道路崎岖，孩童上学危险艰辛。同治年间，唐雨田、唐雨高兄弟筹集白银千两，决心重修道路。历经两年艰苦修筑，于危岩中凿出一条石板路，大大便利了偏岩与外界的联系。当地人将其命名为“唐公路”，以示感激。

民国初年，唐建章从北京大学毕业后赴美深造，先后就学于康乃尔大学、哈佛大学学习电机、机械，获硕士学位。归国后，任川东联立甲种工业学校校长。1927 年，唐建章筹建江北公园，任筹备主任，亲自设计，指导施工，年底建成。同年参与发起兴建四川第一条民营铁路——北川铁路，筹组北川民营铁路公司，任董事。卢作孚出任董事长，聘请丹麦人守尔慈为总工程师，勘测路线，设计施工，1934 年全线通车。

1927 年，唐建章还继任了江合煤炭公司总经理，时值公司濒临破产，他当机立断，停产整顿，缩减冗员，节支增收，历经十余年努力，终使江合出现新局面。1929 年 5 月，唐建章任江北县建设局长，倡导整理市政，至 1933 年，已对全县

① 重庆市北碚区《东阳镇志》编纂委员会：《东阳镇志》，内部资料，2005 年，第 591–592 页。

60%的街道市容进行了整治、培修、拓宽。是年秋，他筹资兴办乡村电话，历时6月，安装电话线1400千米，使江北所有区、乡、镇，以及与附近巴县、长寿、邻水、合川各县均接通电话。1930年3月，组织江北县修治道路委员会，发动民众修建江北—邻水、江北—长寿的人行大道及乡镇人行道。同年，设立平民教养工厂，收容失业平民进行培训。1932年1月，他主持建成重庆市第一个测候机构。1933年4月，他组织勘测御临河，对沿岸险滩、石梁的距离、高差、水速、深度进行勘察，绘制河道平面图。[①]

作为乡村社会中的权威人物，乡贤依托其在政治、经济和文化等方面所具有的种种优势，不断扩大自身势力和影响力，并逐步实现对广大乡民的有效控制。而当其势力急剧扩大，甚至超出了官府的制约后，造福乡里的乡贤往往会蜕变为独霸一方的乡豪。清代中后期，嘉陵江三峡地区民风粗犷剽悍，乡民喜好拜会结盟，一些乡豪倚仗权势，为害乡里，因嚣张跋扈、危及官府的统治而受到整治。

5.张氏兄弟啸聚小三峡

清代道光、咸丰年间，北碚有户姓张的豪绅，兄弟四人，分别名为大同、二同、三同、四同[②]。张氏兄弟经营盐业发家，是名噪川东北的盐枭。他们以巨款捐官，大同捐得道员

① 王俊、艾天泽：《唐建章先生业绩记录》，载《江北县文史资料》第二辑，人民政协江北县委员会文史资料研究委员会编印，1987年，第148-152页。

② 笔者按：光绪《江北厅乡土志·兵事录》写作大童、二童、三童、四童。（参见姚乐野、王晓波：《四川大学图书馆馆藏珍稀四川地方志丛刊》第3册，巴蜀书社，2009年，第143页）

一衔，其余三兄弟也都捐得佐式杂职头衔，以此上通官府，下依爪牙，有钱有势，成为嘉陵江小三峡地区的豪霸。民间传言："张大同人品像知府，张二同出门似总督，张三同钱财如粪土，张四同合州管盐局。"[①]

张氏兄弟"党朋甚众，动以千计，独踞一方，武断乡曲"。[②]他们招纳大批无赖，购置炮船多艘，武装贩运私盐，上到嘉陵江沿岸各城镇，下至长江沿岸涪陵、万县地区，都可横行无忌。又在嘉陵江小三峡私设税卡，凡有盐商船过，都要缴纳税钱，稍不满其欲，即被抢夺。盐商们没有敢于出头叫板的。尽管也曾有大盐商禀控报官，然而差役不敢来捕，胥吏不敢追究。况且当时嘉陵江小三峡为数县接壤区域，涉及多方，颇多隔阂。张氏兄弟又买通书役。因此，衙役们不但不予告发，还常为其说情弥缝。官府反委任张四同为合川盐局委员。于是，张氏兄弟更加肆无忌惮、目无法纪了。

张二同僭越礼制，干预诉讼。他公开以官府自居，将私宅修成衙署，甬壁画着画屏，外厅布置成大堂，公然受理民间讼事，升堂审案。张三同则以经营工商业为主，开设煤矿数十处，其住宅为宫殿式建筑，前后三进，雕梁画栋，沿36级石梯而上，是张氏党羽啸聚之所，常宾客满座。张四同秉性粗暴，舞刀弄枪，专施武力，州官也惧他几分。咸丰十年(1860)底，滇军张国福起义，围永川，攻璧山，沿巴县西境进

① 李萱华:《北碚乡建故事》，北碚抗战历史文化丛书编委会编印，2012年，第6页。

② 光绪《江北厅乡土志·兵事录》，收入姚乐野、王晓波主编《四川大学图书馆馆藏珍稀四川地方志丛刊》第3册，巴蜀书社，2009年，第143页。

攻合川，兵扎南津镇。合州知州惶惶无主。张四同毛遂自荐，得令守城，堵住了义军进攻，从此以守城功臣自居。一次合州知府宴请女宾，张四同之妻与富绅杜协泰之妻发生口角，张即率领百余心腹，将杜家捣毁。[①]

张氏兄弟的嚣张跋扈，对基层政权的统治造成了巨大威胁，引起了官府的警惕。同治初，张氏族中发生内讧。张氏祖先本姓刘，以宦游入蜀，因事罢官，生活潦倒，赘于张氏寡妇，而又生子数人。故其子孙有姓张的，也有姓刘的，但张家势力大，每每欺侮刘家，刘家便具文控告张家。四川总督骆秉章访得实情，决定借机铲除张氏乡豪。他一面密令重庆府学的教授薛某暗派乡勇截拿，一面督兵进剿。

张氏党羽内部也不是铁板一块。此前，峡区有个私盐贩子刘受之，后投靠张氏兄弟，成为得力干将，但因一件小事惹怒了张氏，其次子遭张氏指使手下暴打，差点被打死。刘受之恨得咬牙切齿，却不敢声张。他幡然悔悟，让儿子改习儒业，日与文士交游，并拜薛教授为师。他在日记中详细记录了张氏的种种罪状。当薛教授得到捉拿张氏的密令时，刘受之正充当团首。于是两人商议，打着各团会哨操练的旗号，调集江北厅和巴县12团众，乘张氏不备，突围其家，于地窖中搜出大批军火，张大同和张二同当场被捕，处决于重庆。张三同漏网，但自知难逃，吞金自尽，家产充公。张四同闻讯，潜至成都，投奔提督老乡明耀先。明曾充当张氏的

① 重庆市北碚区地方志编纂委员会：《重庆市北碚区志》，科学技术文献出版社重庆分社，1989年，第533页。

保护伞，此时也认清了形势，将张四同送官惩毙。张氏乡豪就此覆灭。

6. 盐枭刘十四

独霸一方的张氏兄弟被剿灭后，峡区的另一位乡豪刘十四成了官府的新目标。刘十四是江北厅水土沱人，同治初年贩售私盐，获得厚利，后来招纳地痞，培植爪牙，组织团伙，自号“管事”。经过数年的经营，刘十四逐渐垄断了峡区的食盐销售网络。他向各商店“设盆售卖，稍不遂辄纠众毁楼”，其他盐商都不敢与他竞争。官府虽曾下令饬拿，但只是流于具文，“故三峡盐枭之聚日益凶横”。[①]

刘十四朋党渐众，与峡区豪霸张氏兄弟形成“两雄不并立之势”。双方纠众械斗，被打死的则投尸江中，并不报官。张氏兄弟覆灭后，刘十四虽然没遭人告发，但已十分不安，于是勾结党羽，购置炮船以图自保。官兵很快便前来围剿，刘十四遂在水土沱的猪市堡设置木栏与官兵对峙。官兵联合乡勇围数匝，刘某自知难以招架，乘夜率死党数十人逃出，其余手下都被抓获了。

刘十四等窜入华蓥山东山之龙王洞等处，此地与邻水县交界，箐深林密，便于藏匿。东山上有座古峰寺，香火兴盛，收入丰厚，寺僧也常行不法之事。刘十四窜至寺中，大肆勒索。但官兵很快就尾随而至了，刘十四等人赶紧从后山逃逸。

① 光绪《江北厅乡土志·兵事录》，收入姚乐野、王晓波主编《四川大学图书馆馆藏珍稀四川地方志丛刊》第三册，巴蜀书社，2009年，第143页。

官兵得知古峰寺素来富裕，也想趁机大捞一笔，便进入寺中展开搜查，很快在禅房找到了妇女的鞋子、衣物，扬言要据实禀告。僧人赶紧以重金贿赂，官兵也就置之不究了。清代后期，重庆的绿营兵已极为腐朽。他们在剿匪时往往姑息养奸，从中渔利。其实，官兵刚到水土沱时，刘十四就差点被擒了。可是带兵的总镇却对兵丁说："你们真要是很快擒住他们了，后边还有我们的事吗？"兵丁大悟，"阳虽跟追，阴实故纵"，结果"区区数十匪"，在"官兵云集，驰突厅境殆遍"的情况下，刘党还是逃脱了。此后，官兵又搜查了许久都没有结果，反而是峡区百姓深受其害。后来，上峰下令要求限期捕获，刚好江北厅同知曾定泰也是新官上任，于是两方"同力会剿，仍追至三峡，截其要隘，始得成擒"。[1]

7. 张豪蚁之乱

盐枭刘十四被擒后，峡区百姓还没有过上几年的安稳日子，又出现了张豪蚁之乱。张豪蚁本是邻水县人，家业丰饶，因与叔父争产，导致家道中落。由此，他对叔父更加仇恨，欲图报复，遂与流氓无赖为伍，身边聚集了一批喽啰，"烧会结盟，党朋既盛"[2]，最终杀了与他有过节的叔父。官府派差役来抓捕，张豪蚁竟率党羽踞寨拒捕。这反而提高了张豪蚁的人气，无业流民竞相趋附，普通乡民则大为恐慌，避而远之。

① 光绪《江北厅乡土志·兵事录》，收入姚乐野、王晓波主编《四川大学图书馆馆藏珍稀四川地方志丛刊》第三册，巴蜀书社，2009年，第144页。
② 光绪《江北厅乡土志·兵事录》，收入姚乐野、王晓波主编《四川大学图书馆馆藏珍稀四川地方志丛刊》第三册，巴蜀书社，2009年，第144页。

张豪蚁索性树起大旗，掳掠粮食财物，图谋起事。官府于是征兵围剿，力图殄灭。张豪蚁自知寡不敌众，乘夜率众突围。逃出后他将党羽分成数股，分头潜伏，以避追捕，并约定光绪甲申年(1884)九月十三日到华蓥山会集起事。

到了这天，他先率党羽百余人至华蓥山的宝顶普贤殿。山上原有庙宇十余重，只有一两个僧人，地极僻静。不料到了预定时间，竟没人来赴约。张豪蚁也感到害怕，便以杯珓占吉凶，结果都是凶兆。突然，他听到四山之中人喊马嘶，众人大惊失色，各不相顾，乘夜四处逃命。

其中有数十人，逃到了江北厅的秦家场大庵。这里恰好是一处负责基层警备的汛兵驻地。把总李国栋勤捕务、有胆略。当张豪蚁在邻水滋事时，他已得到了风声，但没想到他们竟流窜到此。这伙人在傍晚时分进入秦家场，投宿于刘元泰店，店家因他们形迹可疑，密报汛署。把总于是派遣一名旗目来到店中，假装将他们错认成是武官出差经过此地，盛情邀请他们到驻地赴宴。张党开始推辞，又担心露出马脚，只能勉强前往。把总先暗调乡团布置在场外，张党见团丁众多，不敢拒捕，遂束手就擒。这次捕获了张党二十余人，在行囊中搜出旗帜、刀械等谋反物件，送到厅署讯明后，都被正法枭示。只有张豪蚁行踪不定，逃到别处，后来也被抓获正法了。

（三）河道秩序的维护

随着商品流通的日益兴盛，嘉陵江三峡河道的畅通和安全，事关当地商业环境和社会秩序，因此清代重庆地方官府着力加强对河道的治理，制定相应的管理制度。

1.治安防范

2012年5月，北碚区博物馆工作人员在水土镇嘉陵江边轮渡码头旁发现一通记载塘汛制度的石碑，碑座以及下半截碑残缺，碑面粗加打磨，有不同程度损毁。石碑内容如下（磨损内容以省略号代替）：

特授四川重庆江北理民督捕府加三级纪录……

四川爵督部堂勒 示例《沿河查盗章程》八条……

一、塘汛较远之处，当于适中之江水平缓不……

一、所拨差二名，常川巡守，官给工食养瞻（赡），不……

一、往来客商船，务在塘汛卡房之处，搭帮停……下，致有疏失。

一、各卡俱给编号鸟枪一杆，定要……许乱放。

一、每夜无论风雨，一交二更，塘兵卡差……梆不停声。每人支（值）守二更，轮流更换。倘有不遵……官及各上司衙门控告，以凭提究。卡差塘兵横……劫情事，另行从重治罪。

一、塘兵卡差如遇停舟……户人等（？）实力擒拿，果系真盗，格杀勿论；获犯（？）论……[1]

据学者考证，《沿河查盗章程》颁布与立碑的时间都在嘉

① 转引自唐冶泽：《重庆出土清代〈沿河查盗章程〉碑考》，《中华文化论坛》2013年第1期。

庆七年(1802)。其时,川、陕、鄂一带爆发的白莲教起义虽已被剿平,但嘉陵江流域作为白莲教活动的中心区域,沿江的治安防范仍然是非常重要的一环。

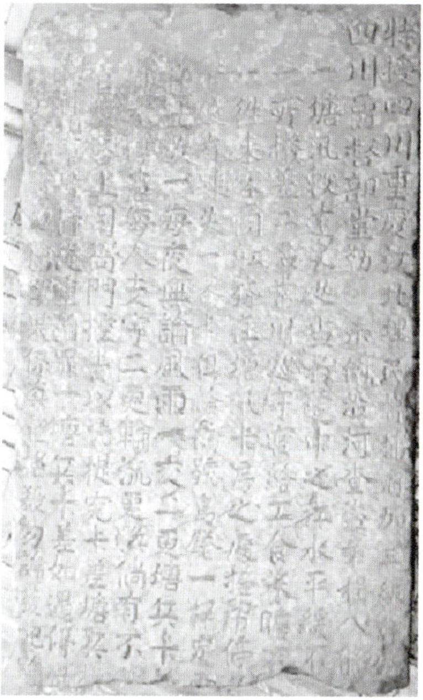

水土镇出土《沿河查盗章程》石碑

《沿河查盗章程》原有八条,在此列举六条。可以看出,碑文对江河沿岸塘汛、关卡的设立、人员、经费、武器、职权、纪律、惩处等都做了详细规定,目的就是确保嘉陵江沿岸的安定有序。

2. 津渡与救生

受桥梁制造技术和成本的限制,明清嘉陵江下游基本没有跨河大桥,居民过江全部依靠渡船。沿岸各渡口是水陆交通的重要节点。渡口对于乡村的粮食贸易关系尤大，乾隆《巴县志》写道："乡里以米为货，易其所无者，肩云蹄雾，登岸问津。故渡口为聚米之场，负戴归舟航之凑。"[①]津渡之重要，可见一斑。渡口管理作为一种公共事务，需要一定的模式来保证其长久运营。渡船只负责摆渡，不准任意调走或参与货运。驾船的艄公，一根竹篙一根木桨，一顶斗笠一件蓑衣，从早到晚，风雨无阻，在船上候客。渡口码头多是石板铺成的简易码头。有的渡口旁边建了房屋或亭子。房屋供撑船人住宿，以备夜晚有急事需过河的人呼唤。

根据修建主体和经费来源的不同，渡口可以分为三类。一是官渡，全部费用由县衙拨付，同时还置有田产，所收谷物作渡运开支。二是义渡，由民间出于公益目的捐资兴建，供行人免费或低价渡江过河。义渡或由一姓修建，或由多姓共建。大多也置有田产、山场，通过收取地租维持经营。三是私渡，由私人独自出资运营，自负盈亏。私渡一般以收取现金或者粮食作为过河费用。

乾隆《巴县志》卷二《津渡》中保留了嘉陵江三峡区域官渡的信息：

嘉陵江上游

炭坝渡，县西一百三十里，祥八甲，渡船一，通合州，米口。

澄江口，县西一百一十里，祥八甲，渡船五，通合州并祥里依来乡旱路，米口。

① 乾隆《巴县志》卷二《津渡》，第44页。

下溪口,县西一百五里,祥八甲,渡船五,祥里七八九甲,米口。

东阳镇,县北一百里,礼三甲,渡船十,对河白碚场通梁滩坝,米口。

土沱,县北八十五里,礼十甲,渡船四,通正里蔡家场及本里静观场,米口。

狮子口,礼三甲,渡船五,通静观场,米口。

彭家渡,县西八十里,正二甲,渡船五。

鸡关渡,县西七十五里,正二甲,渡船二,通正里三四五六七甲,米口。

井口镇,县西七十里,正二甲,渡船三,通祥里中梁滩,米口。

白崖镇,县西三十里,直一甲,渡船三十三,通壁山、铜梁及县属祥、正、直、礼、义五乡,米口。

由上可知,乾隆时期从炭坝渡(今属澄江镇)至白崖镇(今磁器口)的嘉陵江段共有10处官渡,并配置相应田产,作为运行经费。各渡口的河道宽狭和商业发展情况不同,渡船数量也不等。白崖镇商业最为繁忙,渡船竟达33只,而连接白碚场(北碚)和东阳镇的渡口规模也不小,需配置10艘渡船。

川江自古滩多水险,船只稍有不慎即遭覆没。明清时期,虽有专门的滩师专门负责过滩引导,但仍避免不了事故。一些地方官员开始在长江上游江河险滩设置木船,专门负责对失吉船只的抢救,形成一整套制度。因救生船用红色涂刷，故习惯称为“救生红船制”。[1]据乾隆《巴县志》卷二《恤典》记载：“（嘉陵江）水程上至合州界一百二十里，大小险滩二十三处。乾隆三年（1738）知县王裕疆择最险滩四处，详设平底快船二只，通融救济。”其中，“石门滩，设船一只防救，大水至中水无滩时，移泊铎头嘴救济。北碚梁，设船一只防救，中水至大水无滩时，移泊大洞口救济。按每船一只，水手四名，每名月支工食银六钱，岁给银五十七两六钱。”

清政府没有将水上救生作为一种商业救生体系而向沉溺者收取救护、打捞费用，显现了清代社会对内河水上救护的重视及对生命的敬重。可惜后因经费短缺，于乾隆十五年（1750）撤销。在官府的救生红船制出现诸多问题的背景下，巴县的民间善堂担负起了内河救生救护的职责。乾隆六年（1741），巴县士绅韩帝简有感于“渝郡地处下游，为三江总汇，河流迅激，春涨舟沉，民人遭厄，梗漂萍浮[2]”，便联合同仁，捐资倡建“体仁会”，在江北购置义冢，雇人打捞、埋葬浮尸。

3. 航运管理

清中后期，随着嘉陵江水道商贸的日益繁盛，航运乱象层出不穷，例如超载、勒索、添装底货、中途搭人等，严重扰乱了水域秩序和安全，导致航运纠纷乃至事故频繁出现。为此，地方官府出台了一些有针对性的管理制度。光绪十六年

---

① 蓝勇：《清代长江上游救生红船制初探》，《中国社会经济史研究》1995年第4期。

② 李厚望：《体仁堂碑记》，收入道光《江北厅志》卷七《艺文·碑记》，第61页。

(1890)六月,巴县知县授权北碚场监生熊勋、监正明永锡,邀集本地绅粮、监保并船帮首事,商议拟定嘉陵江北碚段航运章程。众人经过两个多月的商讨,订立了《顺江章程》和《上下赶场章程》,获得知县批准,立石刊碑,出示晓谕。兹将章程转引如下:

顺江章程

一议五桡大梢船,每逢大水下渝准载二十四人,每人船钱一百文;中水载三十人,船钱八十文;枯水载三十六人,船钱六十文。毋得添装底货,中途亦不得搭人。

一议四桡中梢船,每逢大水下渝准载十六人,每人船钱一百文;中水载二十人,船钱八十文;枯水载二十四人,船钱六十文。毋得添装底货,中途亦不得搭人。

一议三桡小梢船,每逢大水下渝准载十二人,每人船钱一百文;中水载十五人,船钱八十文;枯水载十八人,船钱六十文。毋得添装底货,中途亦不得搭人。

上下赶场章程

一议上水澄江镇草街子,下水土沱,五桡大梢船,每逢大水准载二十人,每人船钱十六文;中水载二十六人,船钱十二文;枯水载三十人,船钱十文。

一议四桡中梢船,每逢大水准载十五人,每人船钱十六文;中水载二十人,船钱十二文;枯水载二十四人,船钱十文。

一议三桡小梢船,每逢大水准载十人,每人船钱十六文;中水载十二人,船钱十二文;枯水载十六人,船钱十文。

一议东阳镇横江梢船，洪水准载六人，每人船钱十六文；中水载八人，船钱八文；枯水载十二人，船钱四文。

一议黄葛树镇横江梢船，洪水准载六人，每人船钱十二文；中水载十人，船钱六文；枯水载十五人，船钱四文。担炭者船钱二文。[1]

《顺江章程》是对客船由北碚顺流前往重庆城的行船管理章程，共有三条，规定了三种船型在大水、中水和枯水时期的船钱、搭载人数。为确保旅客安全，特别强调“毋得添装底货，中途亦不得搭人”。《上下赶场章程》是对客船前往与北碚相邻的草街子、水土沱、东阳镇、黄葛树镇（今黄桷镇）的行船管理章程，共有五条，规定了在大水、中水和枯水时期不同船型的船钱、搭载人数。考虑到常有挑夫从黄葛树镇（今黄桷镇）乘船担煤到对岸北碚，章程特别给予半价优惠，只需船钱二文。

清后期，在制定和实施嘉陵江河道社会管理制度的过程中，地方官员、乡保人员、绅粮与船帮首事是介入其中的主要力量。地方官员为了维护商旅安全和河道秩序，意图加强对船户的管控，通过加深对河道社会的认识，订立与河道社会相适应的管理制度。乡保、士绅和船帮对官方制度的认可和运用，是让新制度实际运作起来的关键。在官方和地方社会的合作之下，河道水域被纳入国家的秩序之内。

①《巴县遵札禀复北碚监生熊勋等人协议横江顺江条规示谕卷》，四川省档案馆藏，档案号：清6-33-5501。

五、晚清动乱与结寨自保

清代中后期，随着内忧外患的加剧，巴蜀政局动荡，社会动乱再起。受此影响，北碚民众的正常生活秩序屡被打破。但民众并未坐以待毙，而是通过结寨自保、组织团练等方式积极应对。

（一）动乱再起

嘉庆初年，白莲教起事打破了巴蜀地区长达百年的安定局面。咸同年间，余栋臣起事与李蓝起事使巴蜀社会更加动荡不安。这三次战事都直接波及北碚，民众的生命财产安全深受侵扰。

1.白莲教起事

白莲教是唐宋以来的一种民间秘密结社，其教义是明、道、佛三教的混合物，杂拜各种鬼神。在元明两代，白莲教曾多次组织过农民起事，流传到清初，又发展成反清的秘密组织。[①]乾隆四十年（1775），白莲教教首刘松被捕，充军甘肃。他的门徒刘之协、宋之清继续传教，教徒遍布四川、陕西、湖北各地。乾隆五十八年（1793），清廷下令将白莲教教首"根除净尽""勿使漏网"。各地酷吏借此敲诈勒索，肆意株连。许多民众因此家破人亡，社会矛盾集中爆发，一时起义烽火遍布鄂西、川东各地。

嘉庆元年（1796）初，湖北宜都白莲教教首张正谟、聂杰

① 夏家骏：《清代中叶的白莲教起义》，中华书局，1974年，第7页。

人等因拒捕，首先起事于枝江。不久，襄阳女教首齐王氏（王聪儿）与姚之富集众万余人响应。同年秋，四川达州教首徐天德、徐天寿，东乡（今宣汉）教首王三槐、冷天禄等人都打着“官逼民反”的大旗起兵响应。次年春，湖北教军在齐王氏的率领下，从陕南入川，与四川教军会师于东乡。声势浩大，清廷震动。教军中“立青、黄、蓝、白、绛等号，又设掌柜、元帅、先锋、总兵”等名目，分兵出击，直逼嘉陵江，川西戒严。[①]

白莲教起事后，战火很快波及重庆北部地区。嘉庆元年（1796），江北辜寨坪（今渝北区石船镇境）乡民辜兴舟、敖士栋聚千余人响应白莲教军，后被江北厅同知李在文带兵剿灭。[②]嘉庆二年（1797）秋，教军首领齐王氏率部进入江北厅一带活动，据说其指挥部即在统景场温塘峡南岸吊洞子。[③]

嘉庆三年（1798），达州教军首领林亮功、王光祖、徐添德等挥军南下，突破忠州，继克长寿，八月二十五日经合川三汇突击江北境，战于偏岩场、大岚垭一带。九月，教军继续攻占悦来场、水土沱、鸳鸯桥、木耳场等地，并在明月场南北围困统景大城寨、小城寨。同年冬，教军万余人云集静观场，炮声震地，火光冲天，与清军相持十余日[④]。

---

① 隗瀛涛等：《四川近代史》，四川省社会科学院出版社，1985年，第6页。

② 重庆市渝北区地方志编纂委员会：《江北县志》第二十篇《军事》，重庆出版社，1996年，第676页。

③ 周白照：《江北兵事记略》，载中国人民政治协商会议江北县委员会文史资料研究委员会编《江北县文史资料》第一辑，1986年，第58页。

④ 重庆市渝北区地方志编纂委员会：《江北县志·大事记》，重庆出版社，1996年，第11页。

嘉庆四年(1799)正月,白莲教军又由合川杨柳坝进军江北静观场,被璧山县邑绅刘国辅率乡勇打退。此后,教军继续攻打江北、合川,璧山知县张人龙令民众修筑寨堡、组织团练、赶制兵器,加固城防,又铸造大炮数十门,与邑绅刘国辅率乡勇千余人在澄江口、炭坝、北碚一带日夜轮班拒守。同时,命造渡船数只,接应挽救了不少难民。在近一年时间里,白莲教军不敢渡江,只得向合川转移。

次年正月,白莲教军将领冉添元等率数万人于合州顺江而下,欲占澄江口。璧山知县张人龙用假炮排列江岸,以真炮轰击,教军仓皇败退,向江北厅转移。教军在江北礼里观音寨与清军发生两次战斗。[①]

嘉庆七年(1802)九月,白莲教军数百人由梁山(今梁平区)方向入境,与乡勇200余人激战于滚珠滩。十月初至十一月末,在瓦店子、舒家场、梅溪场一带连续与清军作战,后兵败撤出县境。[②]

白莲教起事历时九年,很多无辜百姓的生活在这场持久而激烈的战事中遭受破坏,包括北碚在内的川东地区也未能幸免,正如县志所言:"本境地当中道,尤为贼匪上下所经,村镇之遭焚掠者,其害尤剧。"[③]

① 同治《璧山县志》卷五《武备·武功》,清同治四年刻本,第13页。

② 重庆市渝北区地方志编纂委员会:《江北县志·大事记》,重庆出版社,1996年,第11页。

③ 光绪《江北厅乡土志·兵事录》,清光绪末抄本,收入姚乐野、王晓波主编《四川大学图书馆馆藏珍稀四川地方志丛刊》第3册,巴蜀书社,2009年,第139页。

2. 余栋臣起事

在近代川渝历史上，外国教会是一股非常重要的政治势力。西方宗教在川渝传播的过程中，作为文化渗透手段的教堂参与当地治理，导致民教冲突、教案迭起。近代川渝地区成为全国反洋教斗争最激烈的地区之一，又以大足教案最为典型。

大足是重庆府属县。1882年以后，法国教士彭若瑟相继在龙水、三驱、万古等地修建天主教堂。龙水镇是大足天主教的发源地，以教徒多、势力大著称，其住堂神父还兼管邮亭、珠溪、玉龙等地的教务。因此，龙水镇教会很快就发展成为一股社会势力，引起当地民众与哥老会的不满。1886年至1890年，龙水镇天主教堂被当地民众捣毁三次，充分表明民教矛盾十分尖锐，也为随后发生的余栋臣武装起事奠定了基础。

余栋臣，又名腾良，绰号“余蛮子”，大足龙水镇人，生于咸丰元年（1851）。其父与叔均为挖煤工人，余栋臣年少以挑炭为业，性豪爽，练武功，好打抱不平，素孚众望，是龙水镇哥老会首领[1]，也是三打教堂的组织者和参加者。他见官府昏庸，表弟蒙冤，义愤填膺，于光绪十六年（1890）宣布起事。

八月八日，余栋臣率西山煤窑、纸厂的工人数百人，手执大刀长矛，一举攻占龙水镇，杀死不法教民12人，破坏房屋200多间，并没收教会财产，强令教徒退教。他还发布檄文，悉数列强“欺侮中华”的“骇天八大罪”，痛斥外国教士“无法

① 蔡少卿、屠雪华：《论余栋臣起义与哥老会的关系》，《社会科学研究》1984年第3期。

无天”的罪恶行径；同时又揭露官绅“不惟助纣为虐，反而与贼同情”、甘当走狗的罪行，号召民众积极投入斗争。风声所播，距龙水镇数十里的马跑场、强家坝等地的群众纷起响应，捣毁当地天主教堂，一时间，大足出现了“数百里汹汹骚动”的打教局面。[①]然而，清政府很快调兵围剿，1892年9月，双方发生激战，余部损失惨重。余栋臣只身突围，远遁他乡，潜伏下来。这是余栋臣第一次起事。

1898年，江北厅发生了捣毁教堂、驱除教士的“江北教案”。川东道任锡汾诬指余栋臣为“祸首”，指使巴县知县设法将其诱捕，后被唐翠坪等率数百人劫狱救出。余栋臣回到龙水镇，受到数千人的欢迎，当即宣布再次起事，提出“顺清灭洋”“除教安民”的口号，不到10天队伍多达6000余人。余派人捕捉法国传教士华芳济，攻打大足、铜梁、永川、江津、内江、安岳等地，影响及于三十余州县，焚教堂二十余处，川渝为之震动。次年一月，余栋臣在四川布政使王之春“剿抚兼施”的策略下，兵败降清。

余栋臣起事后，以龙水镇为据点，分兵五路向外出击。第四路由余栋臣义子余绍文率领，经璧山由北碚蔡家场渡嘉陵江至江北水土沱。水土沱乡民先得情报，于是集合团练防御。余部见有防备，便进军复兴场，拟由石坝场入华蓥山。江北厅同知吴宝铨督乡绅唐逢源调各乡团练丁勇在三圣场堵防。余军遂改由龙王洞逾张家垭口至石鞋场住宿。清兵追到龙王洞，相距仅二十余里。十六日，余军刚到兴隆场，

① 周勇主编《重庆通史》第一册，重庆出版社，2014年第2版，第441页。

清兵、乡勇已追及场外，彼此相持、交战。余绍文率军向永兴场、茨竹场疾进，深入邻水县境；其部下匡璜率部在江北周旋，次年在兴隆场战斗中被俘遇害。

3. 李蓝起事

咸同年间，四川再次爆发大规模的反清起义——李蓝起事。李永和、蓝朝鼎皆是云南昭通府大关县人。该地毗邻四川省叙州府，经济往来密切，李、蓝等人常自云南携鸦片到四川叙州府一带贩卖。他们为了免遭“刀客”抢劫，结为团伙，身带利刃，进行武装押运，且大部分人加入哥老会以便互助。地方官吏除了收取一些“孝敬”银两外，对他们的行为采取默许态度。太平天国运动爆发后，四川各地巧立名目横征暴敛，于各地设卡征税，对私贩者太过苛责，最终导致反清斗争的爆发。①

咸丰九年（1859）九月初八，因不堪暴政，李永和、蓝朝鼎等聚众于云南省盐津县牛皮寨焚香结盟，建顺天旗，自称“顺天军”，举兵反清，众千余人，连克筠连县、高县、庆符县，直逼叙州（今四川宜宾）城下，并击退来援清军，军队发展到万人以上。咸丰十年（1860）十月，蓝朝鼎与周绍涌等率军十万余众，围隆昌，陷荣昌、永川两城，扰及大足、合川、江津等地，重庆大震。咸丰十一年（1861）十二月入鹤游坪，联营二十余里，号称二十余万。至此，李蓝军众达数十万，克大小城池二十余座，占领川南盐场富庶之地，扰及

---

① 罗权：《咸同时期社会动荡与四川盐商堡寨的修筑》，《盐业史研究》2017年第1期。

大半个四川，清军无可奈何。

为了镇压起义军，清廷曾采用筑寨御敌之法，咸丰三年（1853），清政府令武英殿刊刻明亮、德楞泰筑堡御贼疏，并下发至各省督抚广为推行。“寨堡团练”“坚壁清野”政策得以发挥作用，严重限制和削弱了起义军。

（二）结寨自保

在历史上，修筑寨堡一直是军民防御与避乱的重要手段。清朝中后期，为了应对此起彼伏的战乱，川渝民众大量修复或新建寨堡以求自保。在当时的江北、合川、璧山和巴县境内，星罗棋布地分布着众多寨堡，据笔者不完全统计，其数量有86座之多（见表2.1）。寨堡的修筑和使用，成为影响本区域安定的重要因素。

表2.1　清代北碚及邻近地区寨堡分布表[①]

序号	名称	所在地	形势	修筑时间	备注
1	青龙寨	缙云山石华寺旁	位于山脊，地势险峻，占地三十亩	嘉庆三年	
2	九龙寨	缙云山绍龙观后侧	独占一座山头	咸丰元年	
3	狮子峰寨	缙云山狮子峰	耸峙峰顶，险峻突兀	咸丰十一年	

① 说明：1. 表2.1统计的86座寨堡并不是江北、合川、璧山、巴县四县境内的全部寨堡，而只是与北碚相邻区域的寨堡，四县的全部清代寨堡数量大概在200座以上。2. 寨堡所在地，主要使用现在地名，对于无法确定的，才以清代地名标示。

续表

序号	名称	所在地	形势	修筑时间	备注
4	青云寨	缙云山香炉峰	雄踞峰顶，俯瞰北碚，临岩而建，有东西两门	光绪二十二年	
5	天子庙寨	西山坪天子庙旁	皆石砌城垣，工程精致，面积二十余亩	咸丰年间	
6	天心寨	北碚文星场	孤峰峻耸，高四里许，顶平坦，不甚宽大，可容百余人，但东望渝城，西望合州，了然可见	嘉庆初年	
7	天福寨	北碚文星场		清代	
8	迎风寨	缙云寺西北杨家山		清代	
9	雨台山寨	北碚		清代	
10	石龙门寨	澄江史家村	在牛鼻峡山顶，面积约三十亩，有三道寨门	光绪二十四年	又名马家寨
11	桐子林寨	澄江民权村	位于密林中，面积十多亩，双层寨门	嘉庆或咸丰年间	又名香炉山寨
12	曹家寨	澄江五一村	位于岩坎上，面积约三十亩，原有碉楼、民房	嘉庆或咸丰年间	又名仙女场寨
13	青云寨	澄江青云村	与五一村交界的山上，面积约五十亩	嘉庆或咸丰年间	又名兴旺寨
14	果老寨	青木关		清代	
15	余家寨	歇马		咸丰三年	
16	天保寨	歇马仰天窝		咸丰初年	里人陈可极、孙光普募众同修
17	偏马寨	歇马		清代	

续表

序号	名称	所在地	形势	修筑时间	备注
18	人和寨	歇马		清代	
19	太平寨	蔡家岗太平村		清初	取安宁太平之意
20	观斗寨	蔡家岗		清初	
21	德星寨	蔡家岗		清初	
22	观音寨	蔡家岗		道光五年	
23	狮子寨	蔡家岗		咸丰八年	
24	红寨子	蔡家岗天印村	墙体全用红色石头所建	同治十年	
25	太公石古寨	蔡家岗云台村	附近有太公巨石	光绪年间	传为余家所建
26	云台观寨	蔡家岗云台村	依托云台观而建，是附近各村的制高点，云雾缭绕	光绪年间	
27	老石龙寨	蔡家岗石龙村	靠近石龙寺	光绪年间	
28	新石龙寨	蔡家岗石龙村		光绪年间	朱姓大户建
29	新寨子	蔡家岗群力村	雄踞山顶，南北长200余米，东西60余米。东半部分，有内外两层城墙。外墙有城垛、枪孔	光绪二十年	寨主戴四公
30	诚心寨	蔡家岗陵江村		光绪二十一年	戴姓大户所建，又名戴家寨
31	和安寨	蔡家岗莲花村		清代	又名垮寨子

续表

序号	名称	所在地	形势	修筑时间	备注
32	玄坛寨	双碑	寨后建有玄坛庙古刹	清末	
33	金鼎寨	双碑		清代	
34	塔坪寨	静观镇塔坪寺	位于浅丘陵顶部，中间地势平坦，约6000平方米。寨墙依岩构筑，有四个寨门	嘉庆三年	
35	万全寨	静观镇	四围高峻	光绪二十四年	
36	天成寨	静观镇东面	四面皆悬崖绝壁，险峻莫比，周围约四里	嘉庆初年	
37	三星寨	静观镇	形势险固与天成寨同	推测为嘉庆年间	
38	马脑观寨	三圣镇	三面悬崖，地势突兀。山顶略呈椭圆形，占地约15000平方米	推测为嘉庆年间	
39	小华蓥寨	江北礼里	其高无比，险要非常	清末	
40	永安寨	江北礼里		清末	
41	大梁寨	江北礼里		清末	
42	顺天寨	江北礼里		清末	
43	全安寨	江北李家场旁	尖山岭上，三面据岩，一面援梯可上，能容数百人	嘉庆二年	
44	天宝寨	江北礼里二甲	后面据岩，余皆陡坡峻坂，可容千余人	嘉庆八年	
45	古佛寨	江北李家场后	三面据岩，一面平旷，可容千余人	推测为嘉庆年间	
46	静安寨	江北礼里二甲	二面据岩，东南平旷，可容千余人	推测为嘉庆年间	

续表

序号	名称	所在地	形势	修筑时间	备注
47	大云山寨	江北礼里二甲	东南垣外地势较低，西北平旷，中可容数百人	推测为嘉庆年间	
48	油榨岩寨	江北礼里二甲	在中白庙坎上，与观音山对峙	嘉庆初年	
49	鸡冠寨	江北礼里二甲	左右据岩，前后援梯可上	推测为嘉庆年间	
50	大龙寨	江北礼里四甲	大印滩坎上，可容千余人	嘉庆四年	
51	玉屏寨	复兴镇玉屏村	四面皆石壁巉岩，唯两头置门可通人行	嘉庆初年	
52	观音寨	江北礼里四甲	东西两山之中，四面石壁陡绝，山顶平旷，上有田，出谷四百余石	嘉庆初年	
53	天宫寨	江北礼里天宫山	陡岩峭壁，约高数十仞，周围二三里，可容数千人	嘉庆四年	
54	玛瑙寨	江北礼里四甲	孤峰耸秀，陡险异常	嘉庆初年	
55	天全寨	江北礼里油榨岩	四面陡壁峻绝，无路可通，唯两头置有城门	嘉庆初年	
56	太和寨	江北礼里罗盘坝		嘉庆四年	陈、王、潘三姓修建
57	天宝寨	江北礼里五甲	三面据石岩，前有小溪隔断，寨门外创一浮桥	嘉庆四年	又名寨坪
58	天定寨	江北土主场附近	地势高耸，右据万家岩石壁，左据张家岩石壁，上下两岩交关处缘岩砌石	嘉庆四年	

续表

序号	名称	所在地	形势	修筑时间	备注
59	石鼓寨	江北义里一甲	山高里许，四面悬岩，山顶旧有石垣	推测为嘉庆初年	
60	得胜寨	江北义里一甲	一峰耸峙	推测为嘉庆初年	
61	女人寨	江北义里一甲	四面陡险，能容千余人，近大塆场	推测为嘉庆初年	
62	关圣寨	江北义里一甲	四围高峻，险要争奇	推测为嘉庆初年	
63	回龙寨	江北义里一甲	三面皆石壁陡岩	推测为嘉庆初年	
64	高峰寨	江北义里一甲		推测为嘉庆初年	
65	仁和寨	江北义里一甲	下有王家场	推测为嘉庆初年	
66	三才寨	江北义里一甲		推测为嘉庆初年	
67	黄杨寨	江北义里一甲	下有团鱼堡	推测为嘉庆初年	
68	十全寨	江北义里一甲	四围险峻	推测为嘉庆初年	
69	狮子脑寨	江北义里一甲	四面俱险	推测为嘉庆初年	
70	董黄寨	江北义里二甲	高五里，长三里，奇峰陡峭，四面峭壁悬崖，若鬼斧劈成	嘉庆初年	
71	天元寨	江北义里二甲	靠近沙坪场	推测为嘉庆初年	

续表

序号	名称	所在地	形势	修筑时间	备注
72	龙门寨	江北兴隆乡	斑竹园后，可容千余人	嘉庆年间	
73	三元寨	江北兴隆乡	在龙门寨对面，夜十八洞上，形势险峻		
74	汪家山寨	江北兴隆乡	在汪家山	清末	
75	大保寨	江北兴隆乡	在后河张家嘴西对岸	清末	
76	鹞工寨	江北兴隆乡	形势险峻，本无墙垣	清末	
77	插旗山寨	江北兴隆乡	在插旗山顶	清末	
78	汪家坪寨	江北王家乡	两面临岩，可避匪乱	清末	
79	飞龙寨	江北王家乡	地势平坦，一面临岩	清末	由本乡集资修建
80	高峰寺寨	江北王家乡	地势甚高，上有寺庙	清末	
81	毛家岩寨	江北王家乡	二方临岩，可以避匪	清末	系汪彭二姓所有
82	珠流滩寨	江北王家乡	三面陡绝，可以避匪	清末	
83	保良寨	璧山北部	在风垭上	咸丰三年	邑人高春山捐地募修
84	昇平寨	璧山东北部		咸丰四年	邑人伍星品捐地募修

续表

序号	名称	所在地	形势	修筑时间	备注
85	仙峰寨	璧山东北部		咸丰初年	
86	云封山寨	璧山东北部		咸丰初年	

资料来源:

1. 道光《江北厅志》卷二《舆地志·寨》清道光二十四年,第9–13页。

2. 民国《江北县志稿》卷一《舆地志》,重庆市渝北区地方志办公室整理本,2015年,第24–33页。

3. 民国《巴县志》卷二《建置下·阨塞表》,1943年刻本,第31–32页。

4. 民国《北碚志稿》第四册《文化编·古迹古物志》,第25–28页。

5. 重庆市北碚区地方志编纂委员会:《重庆市北碚区志·风景名胜志》,科学技术文献出版社重庆分社,1989年,第525–526页。

6. 北碚区蔡家岗镇人民政府:《蔡家岗镇志》,内部资料,2005年,第257–259页。

7. 罗玉章:《(北碚区)转龙乡志》,内部资料,1987年,第170–171页。

8. 同治《璧山县志》卷五《武备·关寨》,清同治四年刻本,第18–20页。

如上表所示,清代北碚的寨堡修建在康、雍、乾三朝一度停滞,直至嘉庆以后又勃然兴起。清代嘉庆以后,历朝均有修筑寨堡的记载,其高峰则集中于嘉庆、咸丰、光绪时期,这主要与时局有关。自嘉庆年间白莲教起事,教军习惯依托山区的有利地形行军,采取“不整队、不迎战,不走平原,惟数百成群,忽分忽合,忽南忽北”的游击战法,使清军依靠常规作战方式无法取得进展。为了改变被动的局面,龚景瀚吸纳蜀中百姓筑寨经验,乃上《坚壁清野议》,得到嘉庆帝采纳,饬令战争波及地方之官吏晓谕居民,相度地形以修寨堡,并令乡勇人等加意防护，坚壁清野。[1]至此，巴蜀地区掀起了有史以来最大规模的修筑山寨运动。仅数年之间，各地便山寨林立。

北碚最先利用寨堡保护民众的当属礼里天全寨。嘉庆三年(1798)冬，教军云集静观场，“乌合十余万，游骑数百千……焚烧庐舍，炮声震地，火光烛天”。当时各场都未筑寨，即使有此打算的，也担心能否有效守御，因此遇敌即仓皇失措，有的躲藏到深山密林，有的南渡嘉陵江逃往城区，但往往为教军所获。只有礼里的部分民众选择凭寨坚守，他们在四面陡壁的油榨岩修筑寨堡，除两头置有城门外，其他无路可通。客观地说，天全寨的防御条件并不理想，“独此寨，周围不过一二里，男妇不满三百人，而且墙垣未完，枪矛无几”[2]。然而，当教军来攻寨时，寨民不分昼夜坚守，守望人员不足，则以妇女充当。有黄姓猎户弟兄几人，颇有胆略，看到寨中器械不齐，急用竹席染墨，卷裹成大炮的样子，以张声势，教军疑畏不前。如此相拒十余日，教军伤亡数人，遂弃寨而去。寨子得以成功保全，于是寨名遂用“天全”。消息传开后，附近各处纷纷开始修筑寨堡。

寨堡的修建高度依赖于环境条件，选址须是山势险峻、易守难攻之处。北碚除了北碚场、东阳场、歇马场、静观场、蔡家岗场等位于平坝外，四周皆为群山环绕，地势险峻，寨

① 罗权：《咸同时期社会动荡与四川盐商堡寨的修筑》，《盐业史研究》2017年第1期。

② 民国《江北县志稿》卷一《舆地志·寨》，重庆市渝北区地方志办公室整理本，2015年，第31页。

堡主要分布在缙云山、华蓥山上。如创自嘉庆四年(1799)的天宝寨,“三面据石岩,前有小溪隔断。寨门外创一浮桥,后壁巉岩数十仞,大溪旋绕。傍岩凿有小路,立小寨门以通出入,形势最险。两崖多植虬松,浓荫夹覆,分外峥嵘”[①]。三圣镇马脑观寨不仅地形险要,而且处于战略要地。寨址位于华蓥山南麓马脑山山顶,三面悬崖,地势突兀,与江北兴隆接壤,西连静观,北临柳荫。此地原是香火兴盛的马脑观,寨堡依托寺庙而建,现存石柱、西寨门(小寨门)和部分寨墙、石件等,从遗址来看,当年此地具有相当规模。

马脑观寨全景

① 民国《江北县志稿》卷一《舆地志·寨》,重庆市渝北区地方志办公室整理本,2015年,第33页。

马脑观寨寨门

寨不仅要险，还要择址于山顶宽平之地。山顶宽平，才可容纳更多的寨民，不至于寨内人少势孤。优良的寨址须同时具备耕地、水源、林木这三项要素，这样才能为寨民提供蔬粮、饮水、柴薪，以及弓箭等战备物资，以便长期坚守。例如礼里观音寨，在东西两山之中，四面石壁陡绝，山顶平旷，上有田，出谷四百余石。嘉庆时，教军入境，“里人避居于此，安堵无恙”[①]。土主场天定寨，“周围一千二百四十丈，长四百二十丈，横二百五十丈。内有池塘二口，田谷可收三十余石，土亦可收数十石”[②]。如果一寨限于地势，难容多人，民众可分地就近连修数寨，以达到各寨声息相通、彼此联络

① 民国《江北县志稿》卷一《舆地志·寨》，重庆市渝北区地方志办公室整理本，2015年，第31页。

② 民国《江北县志稿》卷一《舆地志·寨》，重庆市渝北区地方志办公室整理本，2015年，第33页。

之势。例如，缙云山狮子峰寨与青云寨分别位于相邻的两峰顶端，险峻突兀，俯瞰北碚，互相呼应。又如静观场东南的万全寨，四围高峻，可以避兵匪，容千人。上有天成、三星、天元、古城各寨为之屏障，以环护其间，守在四隅[①]。

缙云山狮子峰寨（左）、青云寨（右）

缙云山青云寨寨门

① 民国《江北县志稿》卷一《舆地志·寨》，重庆市渝北区地方志办公室整理本，2015年，第32页。

清代北碚寨堡的修建形式呈现多元化的特点，既有乡民集资修筑的，也有几个大户合力建造的。前者如江北王家乡飞龙寨，由本乡集资修建；后者如王家乡毛家岩寨，系汪、彭二姓所有，罗盘坝太和寨，为陈、王、潘三姓修建。最普遍的情形则是由乡民推举几位乡绅募众合修。澄江石龙门寨最为典型，该寨于清末咸丰和光绪年间两次修筑。当时社会动荡、土匪横行，为躲避战乱，史家村推举熊固久、梁绍昆、许甫臣、刘永春合力修寨，光绪二十四年(1898)建成，周边村民相继迁入寨内劳作生活。随着时间的推移，寨子规模逐渐扩大，寨内居住的村民达数百人之多。这种“有钱出钱，没钱出力”的联合修寨方式，利于分摊经费以及召集人工。此外，还有个别富户独力修筑的例子。例如蔡家岗诚心寨，是清代光绪年间戴姓地主修建，又叫“戴家寨”；群力村新寨子也是如此，相传寨主戴四公原住江北悦来，为防匪患，遂迁家到此建寨。

澄江石龙门寨寨门

蔡家岗新寨子寨门——恒泰门

清代前期，四川寨堡的修筑大多是零散的、不规范的民间行为。嘉庆以后，清政府将修筑寨堡与办理团练相结合，作为防御起义军的有效措施，在各省广为推广，各地对所属寨堡也有相应的管理措施[①]，如璧山即刊有《张若泉先生守寨三十则》，其内容是关于入寨人员资格的规定，“不论贫富，但系粮户及无业贫民素非为奸盗者俱准入寨”。又有修寨材料的选择，“石墙必中用扣石横石所夹之土用乱石以杂之，其海面石板仍用石灰麻粘弥其缝隙……土墙必用大木夹两旁，中用木椿，横处用短木牵之”。还有关于守寨武器的

① 凌富亚：《清代四川寨堡的修建与管理》，《西华师范大学学报（哲学社会科学版）》2016年第1期。

规定，“守寨器具炮为先，枪次之，弓弩又次之，滚木、擂石、灰瓶又次之，矛刀又次之”[1]，其他还有如守寨人员的分配、寨民的训练、遇敌时的策略、寨内粮食的储备、寨墙的宽度、寨田的耕种、寨内望远楼的修建、寨堡房屋的防火、寨内水源的保护等，都有详细的规定，可谓无所不备。

嘉庆以后，北碚民众为躲避战乱而自发修筑了大量寨堡。这些寨堡几乎都分布在乡场周边的山地上，择险而建。在修筑寨堡的过程中，士绅、乡民等群体均参与其中，所筑寨堡规模大小不一。这些寨堡在严密的管理之下，给外来的武装力量造成了沉重的打击，也在客观上避免了北碚民众惨遭屠戮。

① 同治《璧山县志》卷五《武备志·关寨》，同治四年刻本，第21-27页。

第三章 乡建明珠

20世纪二三十年代，面对国家的衰败与落后，乡村建设运动逐步兴起。以梁漱溟、晏阳初、陶行知等为代表的一批有识之士试图通过改良农村经济与社会，实现“民族自救”。这一时期，卢作孚在北碚开展了嘉陵江三峡乡村建设运动。他以“乡村现代化”为蓝图，采取了以“经济建设为中心”的建设方式，整治匪患，发展实业，重视科技文化事业，使北碚从一个小乡场发展为“建设新中国的缩影”的美丽城市。卢作孚在北碚主持的乡村建设运动在当时中国乡村建设实验中时间最长，取得成就最大，影响最为深远，它为今天乡村社会的发展、振兴都提供了历史借鉴。

一、匪患成害　峡防局"登场"

民国初年，由于军阀割据，内战不绝，兵痞盗匪伺机而动，啸聚峡中，致使商旅难行，民众苦不堪言。为此，在绅民的大力吁请下，峡防营成立，意图治理峡区治安。几任长官先后上任，各自采取了一些治理措施，但限于治标，匪患未能根治，只得疲于应对。

(一)盗匪啸聚小三峡

民国初期峡区匪患肆虐。1922年6月某日，时任陕西靖国军总司令的于右任，因兵败入蜀，取道嘉陵江东下，舟过温塘峡，见峡谷阴森苍莽，景色秀丽，便停桡登岸。于右任上岸来温泉寺，眼见古刹规模宏大，但已是断壁残垣，凌乱不堪。四处杂草丛生，荒凉至极。他走到殿宇一侧的树丛中，看到一方温泉，雾气氤氲，泉水涟漪。于是入池沐浴，尽情地享受温泉的润涤。于右任浴罢登舟而去，到重庆后与友人谈及此事，大家却莫不为之惊诧。原来当时峡区盗匪啸聚，温泉寺便是一处匪巢，于右任身临险境而毫无察觉，又能全身而退，简直就是奇迹。此事很快在重庆传开，成为一段佳话。[①]1939年于右任故地重游，对此仍记忆犹新，当即以元曲《中吕·醉高歌》之调作词《北温泉山前眺望》："当年日落停桡，一浴荒山野庙。重来小坐江天好，绿水青山白鸟。"[②]次年春，于右任携家人来北温泉度寿，又即兴创作《生日游北温泉遇雨》七绝三首，其中一云：

往事惊心十九年，民间佳话尚流传。

髯翁战败西来日，一浴荒池震两川。

诗后自注："十一年（即1922年）由陕顺流东下，过温泉寺，浴于荒池，时地方不靖，至渝，传为笑谈。"[③]

话说回来，在民国初年能像于右任一样若无其事安全过峡者毕竟是少数，大多数行人都因担心土匪的劫掠而胆战心惊。清代后期至民国前期，川渝政局动荡，匪患四起。嘉陵江三峡地处江巴璧合四县交界区域，各方政权对此鞭长莫及，加之境内大山连绵，森林茂密，利于土匪藏匿。而嘉陵江贯穿其间，为蜀中南北交通大动脉，来往商船甚多，"故匪徒猖獗，视他区为尤甚"。[④]道光、咸丰年间乡豪张家四兄弟、刘十四等人独霸一方，后虽被诛灭，然而峡区并不太平。光绪二十一年（1895）巴县西城西里里正马怀忠等人鉴于地

① 李萱华：《于右任与北温泉》，《红岩春秋》2004年第6期。

② 庞齐：《于右任诗歌萃编》，陕西人民出版社，1986年，第696页。

③ 庞齐：《于右任诗歌萃编》，陕西人民出版社，1986年，第244页。

④ 民国《北碚志稿（1945）》第二册《政治编·官制志》，重庆市北碚区地方志办公室编印，2016年，第8页。

方治安吃紧，联名禀告县令，请求强化河道保甲。禀文说道：

（巴县）邑属西城西里河道上游北碚场、金刚贝至澄江口与壁山县连界，对岸界属江北之黄葛树、干洞子、上东阳镇，抵草盖子系合州连界，各处市镇接连百里，地名山峡口，系属僻静险道，最易藏奸。如届岁毕春初之际，每有匪徒藏匿河下抢夺客船行旅。如其犯事，此捉彼窜。①

由上可见，嘉陵江三峡延绵百里，幽深险峻，沿江各处市镇又所辖不同，如北碚场、金刚碑属巴县；黄葛树场、干洞子、东阳归江北；草盖子（草街子）属合州；澄江口为璧山地界，因而管辖不便，最易藏奸。每到岁末春初，常有匪徒出没，劫掠客船行旅，作案后，匪徒又可借助有利条件逃避打击。到了民国初期，军阀割据，成者为王，败者为寇，一批又一批被打败的散兵游勇，结成一股又一股土匪啸聚峡中，或打家劫舍、奸淫掠夺，或抢劫行旅、杀人越货，峡区治安进一步恶化。

当时，峡中土匪之多，无法记述，著名的有唐大鼻子、铁匠老横、三眼童儿、瓷器罗汉、陈大娃子、扁担花、周澄清、黄朋等。从牛鼻峡到观音峡，无处没有土匪出没。牛鼻峡的磨子沱（又称磨儿沱，今属澄江镇上马台村）、草街，温塘峡的温泉寺，以及金刚贝（今北碚金刚碑）、北碚场、黄桷镇等地

① 《巴县西城里里正马怀忠等禀现值隆冬按码头巡船支更防范匪盗并卷移邻封照办》，四川省档案馆藏，档案号：清6-31-1044。按，这段材料中提到的金刚贝，即今北碚金刚碑；草盖子，即今合川草街。

都有匪窟[1]。民间有歌谣唱道："得活不得活，且看磨儿沱；得死不得死，且看草街子"[2]，匪患之剧烈，由此可见。

北碚温塘峡(杨学兰 摄)

航拍温塘峡(秦廷富 摄)

民国时期牛鼻峡麻柳坪乡绅李昌运(字时雍)曾根据多

① 李萱华：《北碚乡建故事》，北碚抗战历史文化丛书编委会编印，2012年，第10页。

② 罗玉章：《(北碚区)转龙乡志》，自印本，1987年，第170页。

年见闻撰写《磨子沱老二记》一文[①]，对峡区匪患有深入而细致的考察。从中可知，峡区匪患与民国成立以来峡区社会风气的败坏有密切关系，许多青壮年染上吃喝嫖赌、吸食鸦片的恶习，以致无以为生，铤而走险，落草为寇。百姓称土匪为“老二”，土匪之间通过暗语进行交流。土匪的名目有“老窑”“老板”“内外管事”，自称为“票子”。把有钱人叫作“肥猪”“绅士”，呼军人为“扒壳”。彼此之间两相宜互称“对红心”，把最厌恶的人叫作“卖客”。他们的罪行主要有四点：一是入室抢劫，称为“进屋”；二是拦路抢劫，称作“扺路板”；三是劫掠行船，叫作“清底底”；四是抢夺妇幼，总称“摸姜”，又把拉小孩叫作“抱童子”，拉妇女谓之“接观音”。

据李昌运记载，土匪行事狡诈歹毒，他们称绑架勒索为“拉肥猪”，将受害者锁在暗室或深洞，用膏药贴其双眼，绳索绑其双手。然后让受害人给亲朋传递信息，勒索赎金。若不遂所欲，或将受害人囚禁致死，或将其拘禁数月数年，或胁迫其入伙帮差行凶。

峡中劫船案件频发始于1913年2月20日，地点是鲤拐滩，不久延及磨子沱。往后愈演愈烈，发案频率剧增，或以隔日计，或以连日计。尤以1915年7月，1916年11月，1917年12月最为严重，整月都有发案。盗匪劫船时间一般选择在黎明，沿岸居民也常被裹挟成帮凶，既要供应饮食，还要出力搬运赃物。稍有闪失，生命财产即遭受威胁。1918年以

① 李昌运：《磨子沱老二记》，收入民国《合川县志》卷六十八《丛谭》，1921年刻本，第19页。

后峡区匪患有增无减。匪徒极为贪婪残暴,“不以过客、力夫、舟子及近地贫民而或异焉”。不论是本地居民,还是外来旅客,都是其劫掠对象,达官贵人也难逃劫难。“省长回籍,或逞其后。团长奉差,先待于隘。县知事沈至,敢于开枪。吴知事胞弟,敢于枪毙而死,官威损矣”。

峡区股匪众多,互不买账。巨匪瓷器罗汉的老婆乘船东下重庆,自以为有后台,有恃无恐。及至峡口,同样遭到打劫。妇人故作镇定地说:“我系某人之妇,弟兄不当如是!”但土匪反而变本加厉,复行上船,脱去妇人的皮衣、皮裤,而其他同行者也被脱去衣裤,抢夺精光。

更甚的是,即使是正规军过三峡,也得找人保护。1923年川军秦汉三旅自重庆移驻合川,取道三峡,行至黄桷镇被土匪阻挡,不敢前进。乃委任北碚乡长熊明甫为峡防司令,补给两个连的枪支弹药,扩充民团。熊明甫遂招安匪首唐大鼻子,调遣团丁,分水陆两路护送,方得通过①。

唐大鼻子本名唐海清,招安后被委任为川军二师五营营长,他来北碚后,自称“峡防司令”,公开向民众保证北碚不出枪案,其交换条件是地方须缴纳“保险金”。他的人马大部驻金刚贝(今金刚碑),不抢北碚抢四邻。当时盘踞黄桷镇的匪首是三眼童儿周吉瑞,两股匪徒势不两立,争霸夺势,不断制造摩擦,相互残杀。三眼童儿将唐大鼻子骗到黄桷镇赴宴,在席间将其枪杀。唐大鼻子的心腹又展开

① 李萱华:《北碚乡建故事》,北碚抗战历史文化丛书编委会编印,2012年,第12页。

报复，夜袭三眼童儿，使其丧命。

由于匪势猖獗，商旅无法，只得求助驻军。于是某师推出护送货船名目，他们在重庆和合川通商码头，大张告示，设局征收。要求过往船只，按所载货物估价的2%付费，先收后送，给票过关，武装保护，称为“硬护送”。同时，一些恶匪也在重庆、合川码头，仿照驻军办法，对商船也按相同方式收费，自称“软护送”，并扬言“我队抵关交涉，较硬护送尤为可靠”。可怜普通商家，既要缴硬护送费，又要缴软护送费，以图无灾无难，安全过关。

一个山明水秀的三峡，竟沦为令人望而生畏的匪窟，这不免让人感到悲哀和气愤。但嘉陵江三峡毕竟是渝北门户、商旅要道，因而，待时局稍安，剿匪工作便渐次展开了。

（二）峡防营疲于应对

1916年春，在地方士绅的请求下，东川道尹下令设立峡防营，专负峡区治匪之责，委黄桷场团总王锡五兼营长，屯驻北碚场。“由黄桷树招丁一营，各场共招一营，统编峡防营，炮船二只，巡游上下。有擒送，道署立决。”[①]其时，峡防营只是个松散的乡绅团练联盟，“各场自由参加联防，并无一定之法规范围”[②]。大体而言，防区涵盖由合川南津街起至巴县磁器口止的嘉陵江流域，长二百余华里，约四十个乡场，是日后北碚管理局辖境的五倍。

① 李昌运：《磨子沱老二记》，收入民国《合川县志》卷六十二《丛谭》，第21页。
② 民国《北碚志稿（1945）》第二册《政治编·官制志》，第8页。

王锡五(1869—1917),峡区黄桷场人,生于一富绅家庭。清末峡区匪患四起,王锡五乃组织团练捍卫乡里,“其部勒甚有法,群又服其能兵,而其声遂由是震于时”[①]。接任峡防营营长后,更是身先士卒,“一旦闻警,或汹汹不易敌,即鞭马先驰,而士卒随属其后,必变定乃还”[②]。因其防患有方,匪势稍有收敛,几个匪首“或降或则缚”“无脱者”。黄桷、北碚各场也获得了暂时的安宁。诚如乡绅熊正伦所言:“今环峡诸乡埠,其所劫者不可一二数,而独是地安然无恙。”[③]

治匪初见成效,峡防营却陷入困境。峡防营经费本由草街子的猪厘中拨出,但遭到了合川县绅的阻挠。“东里葛家岩成军,打算在磨子沱对岸的高绝处建营驻兵,而永里人又阻之。”[④]王锡五本人也迭遭非议,屡受打击,“忌者必欲陷君,因辞职,迄不获,乃北游入京,及归,未几而其祸又作焉。虽寻白,然自是郁郁感愤甚”[⑤]。1917年,年仅48岁的王锡五郁郁而终,临终前将先前缴获的20余门火炮捐赠公家,以助峡防。

王锡五死后,随着重庆地区驻防军队的变动,峡防机构几经更名。1918年,东川道尹改峡防营为三峡警备队,委二

---

① 熊正伦:《王锡五墓志铭》,收入民国《北碚志稿(1945)》第二册《政治编·警卫志》,第119页。

② 熊正伦:《王锡五墓志铭》,收入民国《北碚志稿(1945)》第二册《政治编·警卫志》,第120页。

③ 熊正伦:《董办峡江团防王君纪念碑铭》,收入民国《北碚志稿(1945)》第二册《政治编·警卫志》,第119页。

④ 李昌运:《磨子沱老二记》,收入民国《合川县志》卷六十二《丛谭》,第21页。

⑤ 熊正伦:《王锡五墓志铭》,收入民国《北碚志稿(1945)》第二册《政治编·警卫志》,第120页。

岩团总周宝箴为警备队长。周宝箴，峡区二岩场（今北碚西山坪）人，周家系峡区煤商富绅。光绪三十年（1904），周宝箴继承祖业，自任复兴和炭厂经理。因其经营得法，炭厂逐步扩大，矿工多达1000余人，垄断着重庆铜元局和川北一带煤炭销售市场。1914年，四川军阀混战，土匪四窜。为保乡里，周宝箴买枪招兵，发展武装。后又与刘湘搭上关系，掌握了北碚区域地方团练。当时峡区土匪啸聚，二岩周围却无匪来犯。许多地主绅士都迁至二岩，寻求庇护。周宝箴任职期间，其煤炭生意蒸蒸日上，同时，也主持三峡警备队，负责峡区治安，号称江防司令。[1]

峡防营成立以后，虽积极剿匪，然因地域广阔，一时无法肃清。[2]1920年，江巴璧合四县合谋，特组峡防司令部，设司令一人，由重庆卫戍总司令委任。调四县壮丁各一排，仍驻北碚，名曰峡防。"月饷仍取给四县，四县并按月份任50元，作司令部公费。"[3]是年夏，随军驻扎北碚的川军第一军第六师军法处长吴象痴被委任为峡防司令。

吴象痴，巴县蔡家场人，早年在乡当团总，后任川军第六师军法处长，并兼任过南充、广安两县县长。吴象痴主持峡防，首先恢复各场民团组织，整练壮丁；同时，购买枪弹，修建碉堡，并率队剿匪数十次。其治匪以嗜杀著称，仅1920年

① 重庆市北碚区地方志编纂委员会：《重庆市北碚区志·人物志》，科学技术文献出版社重庆分社，1989年，第536页。

②《社会调查与统计》第二号《北碚社会概况调查》，国民政府社会部统计处编印，1943年，第11页。

③ 民国《北碚志稿（1945）》第二册《政治编·警卫志》，第97页。

就杀戮数百人，人称“屠夫”。[①]在严酷的清剿下，峡区匪患暂时平息，诚如民国《北碚志稿》“警卫志”所言：“自峡防成立后，迭与盗徒激战，多所擒杀，始各飏去，江途一清。”

庙嘴峡防局

然而，好景不长。不久，吴象痴调往他处，“迨其去，而匪复炽，尤无忌”[②]。而峡防司令也易名为峡防团务督办，归东川道尹节制。苦不堪言的绅民，遂集议呈请道尹还任。1921年春，东川道尹叶丕诚委任吴象痴为峡防团务督办。吴象痴还任后，继续对峡匪进行清剿，但单纯的军事剿杀策略并不能根治匪患，时常无功而返。例如，1923年初，川军第一、二军混战，由于峡区处两军割据交界处，匪患猖獗，匪徒众多，且武器优良，吴象痴令合川团务局长赵壁光，率队沿嘉陵江向下进攻，他同二岩周宝箴分别由嘉陵江两岸向上

① 重庆市北碚区地方志编纂委员会：《重庆市北碚区志·人物志》，科学技术文献出版社重庆分社，1989年，第539-540页。

② 熊正伦：《文昌宫建碉记》，收入民国《北碚志稿（1945）》第二册《政治编·警卫志》，第117页。

进攻，以期会剿。不料进攻日期发生新旧历计算差错，合川赵璧光以新历出兵，探知北碚吴、周尚未出动，旋即率兵返回合川，此次清剿只擒获部分匪众。[①]

1923年4月6日，川军第二军杨森率部占重庆等地。[②]第二军在追击退却的第一军时，北路要经过嘉陵江峡区，第二军军长杨森因担心峡区团练武装被第一军利用而扰乱其后方，阻挠其军事进展，特委任卢作孚三弟卢尔勤（即卢诚）为峡防司令。开始时，卢尔勤因担心自己未掌握正规军力，难以控制地方团练武装，又恐峡防司令部经费不足而犹豫不决。卢作孚知道后，便鼓励其大胆去干。卢尔勤遂下定决心，前往峡区赴任，并取得了一定的成绩，他后来回忆说：[③]

就职后就与四县联系，划定了峡防区域，并将四县在峡区的几十个场镇中，编组地方团队，共建了峡防三个大队，共有十二个中队的保安团队，由峡防司令部指挥。接着回重庆向军部请领弹药，返峡清除了夹江南北两岸山地茨竹沟、太和场、白峡口等地的土匪。在一个月之内，渝合间的水陆交通，遂告平安，商客往来、军运往来，均较顺利。

由此可知，卢尔勤同样也是采取了军事清剿的治匪策

① 重庆市北碚区地方志编纂委员会：《重庆市北碚区志·人物志》，科学技术文献出版社重庆分社，1989年，第539页。

② 周开庆编著：《民国川事纪要》，四川文献研究社，1974年，第293页。

③ 卢国模整理：《卢尔勤回忆卢作孚》，未刊，转引自张守广《卢作孚年谱长编》，中国社会科学出版社，2014年，第73-74页。按，关于卢尔勤任职峡防司令的时间，民国《北碚志稿（1945）》第二册《政治编·官制志》（第8页）、《社会调查与统计》第二号《北碚社会概况调查》（第11页）均记为1922年。此处采用卢尔勤的回忆，即1923年春。

略，通过划定峡防区域，整编地方武装，凭借第二军精锐武器的援助，在短期内取得了剿匪的胜利。与此同时，一度驻峡的川军第二军秦汉三旅长曾自任司令，以熊明甫为副司令。[1]驻峡军队的频繁变动显然不利于峡区的长治久安。

（三）峡防局的登场

1923年秋，“峡区士绅盖不胜军队之扰，又苦匪风益炽”[2]，于是协议呈准撤销司令。此后，卢尔勤辞去峡防司令一职，并根据峡区绅民的请求，将峡防司令部改组为地方性质的江巴璧合四县特组峡防团练局，推荐合川名绅胡南先、北碚商绅熊明甫分任正副局长，设治北碚场，[3]“月饷及办公等费，则取之往来商舶，名曰过道捐”[4]。

1923年秋，胡南先起任峡防团练局局长，作为首任局长，胡南先政绩颇著。民国《北碚志稿》“官制志”评价道：“胡氏历大小数十战，匪风日敛，而峡防局根基于焉奠定。”

胡南先（1868—1947），合川盐井场人，出身于本地富绅家庭。辛亥革命时，合川宣告和平反正，胡南先首先剪去发辫，上书重庆军政府，表示拥戴共和，被委任为合川财政部长。1913年被公推为四川省议员。1922年，胡南先受聘为

---

① 庄泽宣：《陇蜀之游》，上海中华书局，1937年，第164页。

② 民国《北碚志稿（1945）》第二册《政治编·官制志》，重庆市北碚区地方志办公室编印，2016年，第8页。

③ 卢国模整理：《卢尔勤回忆卢作孚》，未刊，转引自张守广编《卢作孚年谱长编》，中国社会科学出版社，2014年，第81页。按，“江巴璧合四县特组峡防团练局”于1927年5月初改称“江巴璧合四县特组峡防团务局”。

④ 民国《北碚志稿（1945）》第二册《政治编·警卫志》，重庆市北碚区地方志办公室编印，2016年，第97页。

川南道尹公署顾问，到任不久，川战爆发，遂匆返合川，行至重庆，因峡区匪势猖獗，滞阻客邸，达数月之久。当时盐井、沙溪匪势日炽，两乡绅民大多避居县城。胡南先倡议组织剿匪团队，自负总责，前往进剿。双方激战几个昼夜，土匪逃匿，他率部乘胜沿峡江顺流猛追，经过旬余，匪亦避地远遁，使峡区水道交通渐得恢复。嗣后，经常与土匪激战，每战必躬亲指挥，从不畏缩。胡南先在清剿峡区匪患过程中，深感四川匪患主要源于军阀混战，兵匪合流。因此，1923年上半年，他便倡议筹设四川省民团联合会，到会60余县，被公推为联合会委员长。[①]

是年秋，江巴璧合峡防司令部改组为特组峡防团练局（简称“峡防局”），胡南先担任局长，设治北碚场。“防区上起沙溪庙，下讫土沱场，直径百余华里，两岸自江干至山内60里。”峡防局设峡防常练大队（40人），并编制预备丁数大队，受峡防局指挥。后常练大队增至百名，大队下分设2—3个中队，担任沿江两岸场镇的治安任务。胡南先在任三年多，布防严密，清剿及时，匪患大减。胡南先性格戆直刚强，嫉恶如仇，难免得罪一些豪绅，招致嫉恨。他们控告胡南先贪污船捐，要求撤销其峡防局局长之职。1926年12月中旬，他辞职告休，举荐卢作孚继任峡防局局长。[②]

胡南先治理峡区的几年间，匪患有所平息，但限于治标，

① 重庆市北碚区地方志编纂委员会:《重庆市北碚区志·人物志》，科学技术文献出版社重庆分社，1989年，第539页。

② 重庆市北碚区地方志编纂委员会:《重庆市北碚区志·人物志》，科学技术文献出版社重庆分社，1989年，第539页。

未能根治。1926年6月，卢作孚创办民生实业公司，开辟嘉陵江航线，船行渝合之间。此航线正处于嘉陵江小三峡江段，峡中盗匪啸聚，航线经常受阻。为了扫除航线障碍，保证航程安全，实现开发峡区的愿望，卢作孚有意出任峡防局局长。这一想法也因符合地方利益，而获得地方士绅的支持。

当时，四川正处于军阀割据的防区制时代，嘉陵江小三峡在两军防区的中间：合川是国民革命军第二十八军邓锡侯的防区，盐井溪、草街子、二岩、黄桷和水土沱为邓部师长陈书农的势力范围；而巴县、江北县和璧山县则是二十一军刘湘的防区，北碚、澄江镇、童家溪、蔡家场由刘部师长王方舟控制。双方为巩固地盘，扩充势力，都想安置亲信执掌峡防局，而长期相持不下。[①]卢作孚同时对两军展开工作：一方面通过郑东琴等地方势力，争取陈书农的支持，陈为了增加税收，也乐意入股，扶持民生公司；另一方面结交了刘湘手下何北衡、刘航琛，利用四川"北大"系的关系，通过陈学池在刘湘面前推荐，取得了刘湘的同意。这样在两方面奔走，终于促成二十八军和二十一军在北碚地区的和平共处。[②]

1926年合川士绅耿布诚、江北士绅王序九托人，向两军建议："请双方不必争夺，让一位既孚众望，又有才干的第三者——卢作孚出来负责。原局长胡南先可以其'年事已高，

① 卢子英：《怀念二哥卢作孚》，载周永林、凌耀伦主编《卢作孚追思录》，重庆出版社，2001年，第34页。
② 童少生：《回忆民生轮船公司》，载周永林、凌耀伦主编《卢作孚追思录》，重庆出版社，第189页。

精力不济'辞职可也。"而峡防局局长胡南先,此时正遭一些士绅控告,面临下台,他也看中了卢作孚的才干,向上推荐,让他代替自己履职。如此,各方都无异议。王方舟又想安插亲信王岳生来担任副局长,卢作孚知其不是认真办事之人,婉言谢绝,仍举荐原副局长熊明甫连任。

1927年2月5日,卢作孚正式接任峡防局局长。从此,他以北碚为基地,逐步实现了他开发峡区,建设北碚的夙愿,峡区的治匪和建设事业展开了新的篇章。

二、卢作孚主政推行乡村建设实验

从1927年开始,卢作孚担任江巴璧合峡防团务局局长,首先肃清匪患,接着开始北碚嘉陵江三峡乡村建设,探索出现代化城镇建设的"北碚模式"。仅数年时间,卢作孚将贫困落后的北碚迅速改造成一个初具规模、社会安定、经济文化发达的现代化城镇,成为中国乡村建设的楷模。

在20世纪三四十年代,卢作孚以其成效显著的建设业绩为社会所称道。毛泽东同志称赞他是"发展中国民族工业不能忘记的四位实业界人士之一",教育家黄炎培评价他是"建设健将",实业家陈光甫夸赞他为"创业奇才"。卢作孚的建设思想、建设业绩和建设方法,对于加快社会主义现代化建设和中华民族伟大复兴,具有重要的借鉴价值。[①]

① 张守广:《建设健将,书生本色:卢作孚的旨趣与人生》(代序),张守广、项锦熙主编《卢作孚全集》第1卷,人民日报出版社,2016年,第1页。

卢作孚，重庆合川人，少年时代就读于瑞山书院（小学）学习，成绩优异，惜因家庭困难，被迫辍学。1908年，卢作孚到成都的一所补习学校专攻数学，16岁即著有《卢思数学难题解》一书。同时，他也接触了卢梭的《民约论》、达尔文的《进化论》等西方名著。在清末资产阶级革命思潮的影响下，他接受了孙中山先生的三民主义思想，1910年，在成都参加了保路同志会和同盟会。[①]

北碚的开拓者卢作孚[②]

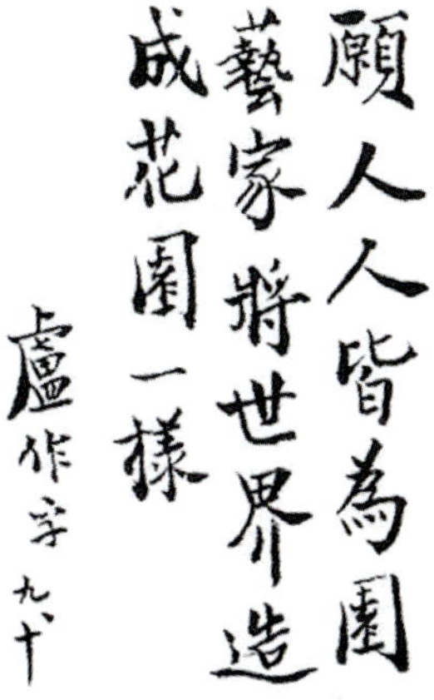

卢作孚手迹

1913年，卢作孚出川去上海，他结识了著名教育家黄炎培，深受其“教育救国”思想的启迪。黄炎培对卢作孚非常欣赏，介绍他去商务印书馆当编辑，卢决意回川，未去。1915年起，他应邀任成都宣传新文化的主阵地《群报》的记者、编辑，并接任《川报》的社长兼总编辑。1919年，加入少

① 卢国纪：《我的父亲卢作孚》，人民出版社，2014年，第14页。

② 本章关于卢作孚先生以及民国北碚老照片主要由西南大学中国乡村建设学院资料室提供。

年中国学会，投身于五四运动。1921年，卢作孚任四川永宁道尹公署教育科长，在泸州创设通俗教育会，引荐当时的革命团体——少年中国学会主要成员王德熙、恽代英、萧楚女等人担任教职，倡办通俗教育，推行新文化运动。1924年，热衷于"教育救国"的卢作孚应杨森之邀在成都创办通俗教育馆，推行民众教育。[1]尽管他在教育实践中表现出色，但在军阀混战的情况下，仅仅一年半时间，这一实验便告夭折。于是，他萌生出创办实业的设想，寻求"实业救国"之路。

1. 创办民生公司，探索实业强国之路

第二次鸦片战争以后，按照"外国商船可在长江各口岸往来"的条款，在长江上只见外国旗，难得一见中国旗，令国人深感屈辱。1925年，卢作孚邀约友人，集资创办民生公司，积极投入以经济实力夺回内河航运权的爱国斗争。公司成立之初，整个家当只有一艘载重吨位为70吨的小轮船，卢作孚就定下了"服务社会，便利人群，开发产业，富强国家"的公司宗旨，展现了卢作孚的强国宏愿。当时，长江上游航运正被外国轮船公司控制，不多的几家中国轮船公司濒临破产，卢作孚采取"人弃我取，避实就虚"方针，在从未行驶过轮船的嘉陵江开辟新航线，并在管理上大胆改革，使公司站稳了脚跟，并将航线从嘉陵江发展到了长江。从1930年开始，为了抵制外国轮船公司对长江上游航运的垄断，民生公司发起了"化零为整"运动，在聚兴诚、川康、和成、金城等银

① 张守广：《卢作孚年谱》，重庆出版社，2005年，第8-21页。

行的支持下一共合并、收购了中、日、美、英、意等国25家公司的43条船，公司规模进一步扩大。到1935年，卢作孚统一了长江上游航运，将曾经不可一世的外国轮船公司逐出了长江上游。到1949年，民生公司已拥有员工9000余人，江海船舶148艘，在长江沿线和内陆沿海各港口及东南亚、美国、加拿大等地都有分支机构。

民生公司第一艘轮船“民生号”

民生公司重庆总公司办公大楼（20世纪30年代）

经过20多年的拼搏，民生公司“崛起于长江，争雄于列强”，成为当时中国最大、最有影响的一家民营航运企业，卢作孚也被海内外誉为“中国船王”。1936年西安事变发生后，国共两党协商改组政府，卢作孚是国共双方一致赞同的实业部部长唯一候选人。①

2. 指挥宜昌大撤退，保存了中国工业命脉

1937年卢沟桥事变后，抗日战争全面爆发，卢作孚动员民生公司全体力量抢运抗战物资。在民族危亡的关键时刻，他先后出任交通部常务次长和全国粮食管理局局长，负责战时最艰巨的水陆交通运输和粮食供应任务。1938年10月，武汉失守，作为长江咽喉、入川门户的宜昌积压了大批难民和从沦陷区运来的几乎全中国的航空、兵器等轻重工业的机器设备，亟待撤往大后方。而可供运输的仅民生公司20余艘轮船和几艘其他公司的轮船。按其运力，至少需要一年时间。更大的问题是，还有40天左右长江枯水期就要到了，而且日本飞机不断飞来轰炸，日军又在节节逼近，形势十分危急，人心极度混乱。在此关键时刻，卢作孚下令采用民生公司在长江枯水期实行的“三段航行法”，除了最重要的军用物资及不宜装卸的大型机器设备直运重庆外，其他物资一律分段运输，使航程缩短了一半或大半。各轮船多装快运、分秒必争，硬是在长江枯水期到来之前，将全部难民和机器设备安全撤离宜昌，从而保存了中国工业命脉，为抗战胜利和

① 刘重来：《一个不能忘记的人——纪念卢作孚诞辰120周年》，《光明日报》2013年4月11日第13版。

大后方建设奠定了基础。[1]

在宜昌大撤退中的民生公司船只

卢作孚这一壮举，被誉为“中国实业上的敦刻尔克”。在整个抗战中，民生公司付出了惨重代价：有16艘轮船被炸毁，117名员工英勇牺牲。爱国将领冯玉祥称赞民生公司为“救国公司”。

3. 主持嘉陵江三峡乡村建设，进行乡村现代化实验

1927年，卢作孚被任命为北碚峡防局局长。峡防局本是一个治安联防机构，但卢作孚却借此平台，开展了以北碚为中心的嘉陵江三峡乡村建设实验。与民国时期各地乡村建设实验不同，他明确提出其乡村建设的目的是“要赶快将这一个国家现代化起来”，所以“要赶快将这一个乡村现代化起来”，并制定了实现“乡村现代化”的蓝图。他采取了以经济建设为中心，以交通建设为先行，以乡村城市化为带

① 刘重来：《一个不能忘记的人——纪念卢作孚诞辰120周年》，《光明日报》2013年4月11日第13版。

动，以文化教育为重点的建设模式，将北碚这个昔日贫穷落后、偏僻闭塞、盗匪横行的小乡场，建设成“生产发展、文教事业发达、环境优美的重庆市郊的重要城镇”。[1]

短短十几年间，整个嘉陵江三峡地区的社会经济和文化教育发生了很大变化，成为民国时期众多乡村建设实验中持续时间最长、成效特别突出的一个。教育家陶行知把北碚的建设誉为“建设新中国的缩影”。[2]

作为中国近代史上的著名爱国实业家、教育家、社会活动家，卢作孚的思想和理念自成体系，我们可以把它归结为以下四点：

第一点是忧国忧民的爱国主义精神。经济学家厉以宁认为：“发展中国家的一些关心国家命运与社会前途的人，出于对国家与社会的责任感，有力求改变现状的愿望，这种愿望必然转化为变革的思想、创业的精神。创业不是简单地改变个人的处境，或使得个人的事业有所成就；创业是同国家的振兴、国民经济的腾飞联系在一起的。”[3]卢作孚先生正是这样一位有高度创业精神的企业家，他的创业精神同他的爱国主义思想是紧密结合在一起的。

他创办民生轮船公司，是将它作为实业救国、建设现代

---

① 刘重来：《论卢作孚“乡村现代化”建设模式》，《重庆社会科学》2004年第1期。

② 刘重来：《一个不能忘记的人——纪念卢作孚诞辰120周年》，《光明日报》2013年4月11日第13版。

③ 厉以宁：《卢作孚文集·序》，载凌耀伦、熊甫编《卢作孚文集》（增订本），北京大学出版社，2012年，第2页。

化中国的实验，无不渗透着强烈的爱国主义情感。[1]民生公司的“民生精神”——“服务社会，便利人群，开发产业，富强国家”，就是最好的体现；抗日战争全面爆发后，他竭尽全力集中全部可用船只，抢运人员与物资进川。这一非常时期的非常运动，植根于他对国家命运的关心。同时，卢作孚的高贵品质令人叹服。他担任民生公司总经理，还兼任过几十个企业的董事和董事长，但只拿一份总经理的薪金。他烟酒不沾，穿着朴素，谦虚谨慎，平易近人。与当时国内外企业家相比，卢作孚都是人格极其伟大的企业家。

第二点是确立了服务的人生观。卢作孚时常勉励大家：我们努力做事业，不是单要成功自己，而要帮助社会。他在一次演说时谈道：“人的成功不是要当经理、总经理，或变成拥有百万、千万的富翁，成功自己；而是盼望每一个人都有工作能力，都能成功所做的事业，使事业能切实帮助社会。许多人都把这个意义弄不清楚，往往败坏事业，成功自己；自己虽说是成功，社会却失败了。因为自己这种成功，是从剥削社会得来。”[2]在《工作的报酬》一文里，他又说：“工作的意义是应在社会上的，工作的报酬亦应是在社会上的。它有直接的报酬，是你做什么就成功什么。你要办一个学校就成功一个学校，要修一条铁路就成功一条铁路，这便是直接的报酬。它有间接的报酬，是你的成功在事业上，帮助却在社

① 李金铮：《继承和弘扬卢作孚精神》，《中外企业文化》2018年第1期。

② 卢作孚：《超个人成功的事业，超赚钱主义的生意》，载张守广、项锦熙主编《卢作孚全集》第2卷，人民日报出版社，2016年，第778页。

会上。”[1]卢作孚的人生观就是要福利人群，服务社会，他一生也始终恪守着这个理念。

第三点是创造互助共利的新社会。卢作孚在《建设中国的困难及其必循的道路》一文中提出，我们这个民族是一个农业民族，是最安定的民族，也是最散漫的民族。我们要建设新中国，要改进以家庭、亲戚为中心的集团生活，创造互助共利的新社会，必须有现代化新社会的建设，才有现代化国家的建设。他说：“我们要进入现代，一向的集团生活即不能不有所转变，不能不有现代的集团组织。分析起来，不能不有现代的相互依赖关系，不能不有现代的比赛标准，不能不有现代的道德条件，不能不有现代的训练，不能不训练个人去创造现代的社会环境；同时又不能不创造现代的社会环境去训练个人。”[2]显然，卢作孚提倡的新式集团生活的核心就是爱国、互助共利和现代化。

第四点是乡村建设是社会现代化的基础。卢作孚认为中国是一个农业社会，农业社会的广大范围在乡村。他从事乡村运动“目的不只是乡村教育方面，如何去改善或推进这乡村里的教育事业；也不只是在救济方面，如何去救济这乡村里的穷困或灾变”。而是要“赶快将这一个国家现代化起来。所以我们的要求是要赶快将这一个乡村现代化起来”。他提出：“现代是由现代的物质建设和社会组织形成的，而

① 卢作孚：《工作的报酬》，载张守广、项锦熙主编《卢作孚全集》第2卷，人民日报出版社，2016年，第528页。

② 卢作孚：《建设中国的困难及其必循的道路》，载张守广、项锦熙主编《卢作孚全集》第2卷，人民日报出版社，2016年，第572页。

现代的物质建设和社会组织又都是由人们协力经营起来的，人都是训练起来的。”[1]因此，他在推行乡村运动中，特别注重提倡国家意识，创造集团生活和发挥创造力的教育和训练。[2]

西山坪农场工人在中国西部科学院专家的指导下进行生产

卢作孚给后人留下了宝贵的精神财富。作为一个爱国者，他把国家强盛、人民疾苦放在心上的家国情怀，始终闪耀着时代的光辉。作为一个思想家，他的“国家现代化”“乡村现代化”“以经济建设为中心”以及社会改革、企业管理等思想与实践，至今仍有重要的借鉴和研究价值。作为一位社会改革家，他先后进行了民众文化教育、乡村建设、创办民生实业公司三大“创造集团生活”试验，都取得了辉煌成果。作为企业家，他爱国爱民、讲求诚信、廉洁朴素，不愧为中国企业家学习的楷模。[3]

卢作孚出任峡防局局长后，一改前几任峡防营（局）长专

① 卢作孚：《四川嘉陵江三峡的乡村运动》，载张守广、项锦熙主编《卢作孚全集》第2卷，人民日报出版社，2016年，第602页。

② 周开庆：《卢作孚传记》，川康渝文物馆，1987年，第17页。

③ 刘重来：《一个不能忘记的人——纪念卢作孚诞辰120周年》，《光明日报》2013年4月11日第13版。

重军事征剿的治匪策略，提出了把匪患治理与峡区建设同时并举的系统方略。其中心思想是要把北碚建设成一个现代化的区域。他提出“打破苟安的现局，建设理想的社会”的口号，认为要彻底肃清匪患，必须杜绝产生匪患的根源。为此，先应创造安宁的环境和有秩序的社会，让百姓安居乐业，土匪便无机可乘。他制定计划，首先，解决地方治安秩序问题，其次，解决如何为民众服务的问题。①

为肃清匪患，卢作孚采用军事和政治并重的方针，提出“以匪治匪，分化瓦解”“鼓励自新，化匪为民”的政策，一面整顿队伍，训练士兵，一面进行宣传教育，广泛发动群众，参加清匪斗争。他将常练队改为常备队，大量淘汰不合格人员。重新招揽军事人才，创建少年义勇队，招考本地青年，施以政治、军事训练，委任曾在黄埔军校学习的胞弟卢子英为队长。

左图：1929年夏，北碚峡防局少年义勇队第一期部分学生在营房旁合影
右图：少年义勇队训练（卢国模 供图）

卢作孚认为要开展建设工作，首在集合人才，训练人员。

① 卢子英：《怀念二哥卢作孚》，载周永林、凌耀伦主编《卢作孚追思录》，重庆出版社，第35页。

对于如何选才，他提出了一条原则，后来也成为民生公司采用的聘用办法——“大才过找，小才过考”。[1]即对于少数学有专长的专家、学者、工程技术或高级管理人员，采取公开招聘、走访、托人代寻、请学校或科研单位推荐等办法，礼聘到峡区或公司工作。卢作孚为事业寻求专业人才，没有地域之见，不论省内、国内甚至国外。为了修建北川铁路，远至山东聘请胶济铁路总工程师徐利民为北川铁路工程师，后又派人前往上海改聘丹麦人守尔慈为北川铁路总工程师。在西部科学院中，还聘请德国人傅德利为昆虫研究员。

卢子英

参与修建火焰山平民公园的峡防团务局学生队（1930年）

① 李爵如：《从“小才过考”说起：纪念卢作孚先生诞辰一百周年》，载政协重庆市北碚区委员会编《风范长存——重庆市北碚区各界隆重纪念卢作孚先生诞辰一百周年》，内部发行，1993年，第79页。

对于中下级干部和普通职员，则登报招考青年，公开考试择优录取，再施以一段时间的思想、军事、政治、技术的训练，再安排工作。因此，对于“考”字，即训练之谓也。训练不仅是为了建设的需要，也不只是为了解决青年的就业和出路问题，而主要是为国家培养大批有理想、有技能，而又愿意服务社会的人。以“忠实地做事，诚恳地对人”，为学生必须遵守的信条。从1927年夏开始至1936年，共招收了中学程度的青年五百余人，先后办了学生一、二队，少年义勇队三期，警察学生队一期。训练时间短的半年，长的两年。此外，还举办了不少临时训练班。同时，还为民生公司办了护航队、茶房、水手、理货生等专业短期培训班多期，人数超过千人，这些人后来都成为峡区和民生公司的骨干力量。

卢作孚招生并不是死板地考试，而是针对不同的招考对象，进行不同的考核。一般在文化考试合格后，还要作不同形式的口试。据说有次民生公司茶房招考，先通知某日某时到他办公室口试。可是考生到后，只见办公室门半掩着，扫帚倒在屋中间，桌上凌乱，地上潦草。一般考生只是伸头看看，见屋里没人，便一旁等着。有个考生则进去，动手清理好桌子，打扫清洁……这时，卢作孚走进来，拍着该考生的肩膀说：“你已被录取了，按时来报到吧！”对于其他人，则让他们听候通知，以后再说。[①]

卢作孚将常备队依陆军连排制，编为三个中队，又分别

① 李萱华：《北碚乡建故事》，北碚抗战历史文化丛书编委会编印，2012年，第58-59页。

组织了手枪队、学生队、民团模范队、少年义勇队、特务学生队等。随着社会变化，匪情缓解，又组织士兵兼操农工各业，寓兵于工。最初常备队第一队编织草鞋、篾器；第二队做泥工、木工；第三队做缝纫、织布。到1929年春，编为四个中队：一队织布；二队打草鞋；三队安设乡村电话；四队淘滩及其他杂作。手枪队搞石印。有匪情时剿匪，闲暇时则练兵和做工。如此，不仅增加收入，节约了开支，而且推动了北碚的建设事业的发展。例如，治理了著名的险滩虬门滩、黑羊石、红沙碛、大小巨梁滩；疏通了嘉陵江三峡航道；织布作坊也逐渐发展为集纺、织、染于一体的大型企业——三峡染织工厂。①

当时，峡防局所辖39个乡镇，纵横百里，卢作孚除了负责峡区内治安外，还主动协助周围县的剿匪工作。有人不理解，他说，要境内安宁，要先使境外安宁；要使地方安宁，必须使匪不安宁。卢作孚主张以攻为守、主动出击，不给土匪有藏身之地、喘息之机。他亲率学生、士兵巡回各乡镇、山区，清除匪患；不仅帮助本地区，而且帮助周围地区；不仅不让匪活动，而且不让匪藏匿。他特别注重感化工作，对匪进行分化瓦解，使之自新，给予生活出路，帮助他们回乡生产。有一次，峡防局抓住了一个匪徒，认定他是一个匪首。但是，匪徒抵死不承认自己是匪首，大家都感到没有办法。卢作孚决定亲自审问。他让士兵将那匪徒押到他面前，出其不

① 李萱华：《北碚乡建故事》，北碚抗战历史文化丛书编委会编印，2012年，第20页。

意，突然大声呼叫那个匪首的名字。那匪徒竟大声回答：“有！”一下子就揭穿了匪徒的身份。经过教育，该匪首后来不仅改邪归正，而且还积极帮助进行瓦解工作，劝说许多匪徒走上了自新之路。[①]

卢作孚规定部队不仅要剿匪，还要担任警察，负责民教工作。常备队每到一个地方，都把居民召集起来，教识字，种牛痘，讲解卫生知识，指导农业生产。还把青壮年集合起来组成民团，定期派员训练，峡防局多次举行检阅，奖励操练优秀者。

就这样，卢作孚一边清剿匪患，一边建设三峡，先后打击盗匪近百次，杀戮不多，收效迅速，不几年，使北碚三峡地区，从一个多年来扰攘不安的局面变得欣欣向荣了。[②]

三、“与菩萨争地盘”的文化社会改革

在肃清匪患的同时，卢作孚也在北碚移风易俗，推动社会改革，公共福利工作亦逐步开展起来。

1927年的北碚，只是一个很小的场镇，仅有居民300余户，人口2000多人。街道除马鞍山的老街外，还有嘉陵江岸的几条不规则的街道，杂乱无章，狭窄污秽。多年后，卢作孚仍对此记忆犹新：“那时北碚街道很小，小的街道中间，还有一条阴沟……街上非常之脏，阴沟里塞着垃圾和腐水，现

① 卢国纪：《我的父亲卢作孚》，人民出版社，2014年，第70页。
② 李萱华：《北碚乡建故事》，北碚抗战历史文化丛书编委会编印，2012年，第17页。

在顶好一条南京路，就是当日有名的九口缸——九口大缸摆在街旁，任何人都得掩鼻而过。”①

卢作孚见此情形，决心将污秽不堪的街道加以整修，拆去两旁房屋突出到街心的屋檐，但居民们已习以为常，整顿北碚旧市场的工作遇到了重重阻力。有人大骂：“自有北碚场，便是这个样的街道，至少也有几百千年，大家走得好好的，你偏偏一来就见不得，走不得了！真怪！”②面对这些反对者，卢作孚并不退却，采取以事实来教育群众的办法，先从比较容易说服的、阻碍小的人家着手，一步一步地进行，把反对最激烈的几户人家留到最后。等到周围的环境改变了，街道清洁了，阳光充足了，这些人家有的自行拆去自己的屋檐，有的请求峡防局派人来帮助拆除屋檐。于是整顿旧市场的工作顺利完成了，赌场和烟馆随后也统统被查禁了。

1928 年 3 月峡防局发布《取缔北碚场街市清洁暂行办法》，对街市清洁整理做了细致的规定。为了避免流于形式，峡防局多次严令常备队、学生队对清洁卫生情况进行检查，严格惩处违规者。从 1927 年到 1929 年期间，北碚各场街道进行了多次清洁运动。③第一次时，卢作孚亲自率领学生队 100 余人，分赴各街道，趁着大雨倾盆之际，冲扫垃圾。卢作孚在改造北碚街市的同时，还联络峡区所属的东阳镇、金

① 卢作孚：《我们要变，要不断地改》，载张守广、项锦熙主编《卢作孚全集》第 3 卷，人民日报出版社，2016 年，第 1153-1154 页。

② 卢作孚：《乡村建设》，载张守广、项锦熙主编《卢作孚全集》第 1 卷，人民日报出版社，2016 年，第 148 页。

③ 龙海：《试论民国时期卢作孚在北碚的卫生建设对“乡村现代化”的意义》，《重庆社会科学》2005 年第 9 期。

刚碑、悦来场、水土沱、蔡家场、沙溪庙、澄江镇和黄桷镇等，共同整顿地方，改建市场，各场也纷纷效仿。这些对于峡区的环境卫生整治起到了较好的作用，街市风貌大为改观。

创办文化事业和社会公益事业都需要大量资金。峡防局是一个穷机关，一没钱，二没房。峡防局想到的办法是“与菩萨争地盘”，即接管庙宇，将其作为各事业机构的办公用房；征收庙产，充作办公经费。如此，既可解决房屋问题，亦可对民众进行一次破除迷信的教育。

当时的北碚场镇虽不大，宗教信仰的氛围却很浓郁，迷信活动盛行。1928年12月20日，卢作孚发布破除封建迷信的布告，规定“值兹时代革新，破除迷信之秋。凡测字算命，观亡相面、跳神圆光诸色人等，亟应一体革禁，另寻生活”。警告迷信职业者：“不得再以前此伎俩惑人……一经查获，定即分别处办不贷。”[①]

北碚庙宇特多，素有九宫十八庙之说。这些庙子供奉着各路菩萨。火焰山上的东岳庙，最为突出。东岳庙塑有十王殿，庙门前站起“鸡脚神”和“无常二爷”。无常像的信徒很多，远近都来向它求儿求女。每年4月15日办“无常大会”，上至遂宁，下至万县、梁平、大竹都有人来，江巴璧合区域就更不用说了。庙会几天前，前来火焰山烧香求神者，络绎不绝。会期中香客很多，吃饭时庙内坐不下，席桌要摆到北碚街上。[②]

---

①《江巴璧合特组峡防团务局布告》，《嘉陵江报》1928年12月22日第1版。

② 项锦熙：《北碚的事业从庙里来》，《卢作孚研究》2017年第3期。

峡防局破除神像的第一个目标便选定火焰山东岳庙。1930年3月8日晚，卢作孚派陕防局常备队一中队，进入东岳庙，将庙宇重新培修布置，成立了博物馆。北碚民众闻讯，莫不大惊。有人大骂："峡防局的人是天上放下来的？竟敢打菩萨！"有人说："卢局长的官，不过同城隍菩萨一样大。你敢打东岳庙的菩萨，总不敢打天上宫的玉皇。"卢作孚对这些议论，毫不在意，为了发展地方事业，他不断向庙宇发动进攻，"与菩萨争地盘"。在天上宫办起了《嘉陵江日报》和地方医院，在关庙办起了图书馆。虽人言啧啧，但天神并没有显圣降灾。久而久之，北碚的民众也就相安无事了。后来关庙、禹王庙、万寿宫、王爷庙等各类庙宇也都被改造为各机构办公场所。

值得注意的是，卢作孚在征用庙宇的同时，并未采取一一捣毁的粗暴破坏手段，而是兼顾民众的信仰需求和风俗习惯，给予民众一定的信仰空间，对"菩萨"也采取了分别对待的办法。例如，峡防局设在庙嘴文昌宫，庙内有许多塑像，他将其封闭保存；以温泉寺为中心，创办温泉公园，庙内佛像作文物供观瞻，许多佛像已陈旧或毁坏，他专门募款重塑金身，使其焕然一新。在另一些庙子中，这里挤一间屋，那里占两间屋，设立一两个单位，与菩萨"合署办公"。还在黄坭堡修建一座庙宇，将北碚所有的菩萨都集中安放，天上宫的玉皇大帝也未例外。人称此庙为"总神庙"，这些菩萨一直“活”到北碚解放。[1]这表明卢作孚在开创现代的新兴事业时，也很尊重民众的传统习俗，用渐进的方法来教育民众，从而赢得了北碚民众的理解和支持。[2]

四、乡村现代化建设成就斐然

地方有了安宁的秩序以及人员的训练有了相当基础之后，卢作孚便着手推行以现代化为核心的嘉陵江三峡乡村建设实验。20世纪20年代至40年代末，由卢作孚主持的、以重庆北碚为中心的嘉陵江三峡乡村建设实验，是民国时期众多乡村建设实验中持续时间最长（1927—1949）、成效特别突出的一个。

（一）描绘现代化蓝图

早在1925年他便在三峡地区做过社会和自然资源调查，写出《两市村之建设》报告，详尽地介绍了峡区的矿产、森林资源，并提出了系统的开采和建设计划。1929年卢作孚针对北碚的具体情况，提出了乡村现代化的最初构想。从中，可以看到卢作孚对经济、文化、环境和人的高度重视。1934年，在经过了7年多的乡村建设实践，经济、文化等方面已取得巨大成就和宝贵经验的基础上，卢作孚又为嘉陵江三峡乡村建设设计了一幅更为成熟的“乡村现代化”的蓝图，

① 李萱华：《北碚乡建故事》，北碚抗战历史文化丛书编委会编印，2012年，第70页。
② 项锦熙：《北碚的事业从庙里来》，《卢作孚研究》2017年第3期。

提出“以嘉陵江三峡为范围，以巴县的北碚乡为中心，始则造起一个理想，是想要将嘉陵江三峡布置成一个生产的区域、文化的区域、游览的区域”。[1]具体方案如下：

1. 经济方面

(1)矿业：有煤厂、有铁厂、有矿厂。

(2)农业：有大农场、大果园、大森林、大牧场。

(3)工业：有发电厂、炼焦厂、水门汀厂、造纸厂、制碱厂、制酸厂、大规模的织造厂。

(4)交通事业：山上山下都有轻便铁道、汽车路，任何村落都可通电话，可通邮政，较重要的地方可通电报。

2. 文化方面

(1)研究事业：注意应用的方面，有生物的研究，有地质的研究，有理化的研究，有农林的研究，有医药的研究，有社会科学的研究。

(2)教育事业：学校有实验的小学校、职业的中学校、完全的大学校；社会有伟大而且普及的图书馆、博物馆、运动场和民众教育的运动。

3. 人民

皆有职业，皆受教育，皆能为公众服务，皆无[不良]嗜好，皆无不良习惯。

4. 地方

① 卢作孚：《建设中国的困难及其必循的道路》，载张守广、项锦熙主编《卢作孚全集》第2卷，人民日报出版社，2016年，第581页。

皆清洁，皆美丽，皆有秩序，皆可住居，皆可游览。[①]

卢作孚对北碚的建设，不仅有宏大超前的长远规划，而且还有具体可行的实施方案，举凡峡区内的经济、教育、文化、医疗卫生、旅游等事业，都有次序、有步骤地做了妥善安排。创造了以治理社会秩序为先导，以经济建设为中心，全面开展文化建设和社会公共建设的乡村现代化模式。[②]

（二）始终以经济建设为中心

要繁荣地方、开发富源需赖经济事业的发展。北碚的乡村建设，始终以经济建设为中心，这是其乡村建设模式最大的一个特点。卢作孚认定交通闭塞是北碚乃至四川落后的重要原因，因而要实现乡村现代化，必须首先从现代交通事业入手。1927年冬，为畅通渝合航线，卢作孚利用嘉陵江冬季枯水季节，指挥峡防局三个中队的官兵，分赴嘉陵江重庆至合川段的张公滩等掏滩拓宽航道，随即又凿整了巨梁滩，使轮船在枯水季节能畅通无阻，极大地便利了北碚与外界的交往。

峡区煤炭资源丰富，是峡区经济发展的支柱产业。但大大小小的煤矿都分布在深山之中，运输极不方便。修筑铁路以前，开采出的煤炭，全靠挑夫肩挑背负运输。每天竟有6000多名挑夫穿行在山间小道上，要走20里路才能运到嘉

① 卢作孚：《四川嘉陵江三峡的乡村运动》，载张守广、项锦熙主编《卢作孚全集》第2卷，人民日报出版社，2016年，第607-608页。

② 潘洵、李桂芳：《卢作孚与中国近代乡村现代化的"北碚现象"》，《重庆师范大学学报（哲学社会科学版）》2011年第5期。

陵江边。每年仅运费一项，就占了煤业总成本的大半。卢作孚上任后做的一件大事就是修建北川铁路。1927年，卢作孚以民生公司名义投资，邀集文星场、戴家沟一带的煤矿业主和地方士绅，组成"北川民生铁路股份有限公司"。计划筹资20万银元，民生公司入股8万银元，修建一条从矿区到嘉陵江边，以运煤为主，以客运为辅的北川铁路。公司聘请丹麦人守尔慈为铁路总工程师，并派人从上海购置机车及铁路器材。1934年，北川铁路全线通车，虽然它只是一条轻便铁路，但却是四川第一条铁路。铁路的建成，大大提高了生产效率，使矿区煤的"日运量由400吨上升到2000吨"。[①]北碚煤业获得了很大发展，成了抗战时期重庆的主要燃料供应基地，为支援抗战作出了重大贡献，并带动了整个峡区经济的发展。

北川铁路总工程师守尔慈一家(1934年)

① 重庆市北碚区地方志编纂委员会:《重庆市北碚区志》，科技文献出版社重庆分社，1989年，第284页。

北川铁路

峡区原先只有几座小煤矿，不仅力量分散，管理混乱，而且由于手工挖掘，地表煤层挖尽后，已经无法深入。矿主们虽有合并经营之意，但由于资金缺乏等原因，无法实现。1934年，在北川铁路即将全线通车之时，卢作孚预测北碚的煤业产、运、销一体化的现代生产联合发展有了可能，于是抓住机会，促成铁路沿线各煤矿同业合作。由民生公司出面召集北川铁路股份有限公司，及北川铁路沿线的6家煤厂，联合组建了“天府煤矿股份有限公司”（以下简称“天府煤矿”），卢作孚出任公司董事长。随着天府煤矿的建立，峡区煤炭产业发展资金得到了充实，加上卢作孚推行“自产、自运、自销”的生产经营方针，并采用先进管理制度和技术设备，峡区煤炭产量有了大幅度提高。抗日战争全面爆发后，卢作孚又不失时机地与内迁企业河南焦作中福煤炭矿业公司联合，重组成立了“天府矿业股份有限公司”，成为川东第一大煤矿公司和抗战时期重庆的主要燃料基地。

天府煤矿公司

天府煤矿办公楼——作孚楼（1945 年）

北碚经济建设另一成功事例是三峡染织工厂的创办。1927 年，卢作孚出任峡防团务局局长后，考虑到士兵将来的出路问题和北碚地方的发展需要，进行了“寓兵于工”的尝试，对士兵进行诸如装订、缝衣、洗浆、制鞋、织布等职业技能的训练，形成了一个小小的工场作坊。次年春峡防局成立工务股，添置了几台设备。1930年春，卢作孚率团出川考察，参观了上海的三友实业社和南通的纺织厂等企业后，下定了举办规模较大的现代化棉纺织厂的决心。于是订购新式织机，派考察团中的3位青年在上海学习染织技术，聘请技师，准备扩大经营。同年9月，将峡防局工务股改组成四川省第一家使用电力的机器织布厂——三峡染织工厂，卢作孚任董事长，缪成之任厂长。

三峡染织工厂

1931年九一八事变后，国人抵制日货的呼声日益高涨，三峡染织厂趁此良机，打开销路，产品畅销川内各地。在两年内，它的资本由5万元增加到10万元。每年营业额将近18万元。当时，厂里共有各型织机65台，生产各类色布1200—1300匹，棉线袜子600多打，还有印花床毯、毛巾、线背心等多色多样的商品应市。许多生产工序都机械化和自动化了。三峡染织工厂除在北碚本厂设立门市部外，还附设服装部，重庆市区、合川、广安、南充、岳池、永川及北碚温泉公园均设有门市或经销点。北碚附近场镇，每逢赶场都派人去摆摊零售，以扩大市场。三峡染织工厂特别注重生产男式中山服、学生服和女用新式服装等所需布料。卢作孚本人就爱穿三峡染织工厂的三峡布缝制的中山装，带动了峡区各事业职工都穿三峡布制衣。受此影响，渝合两地人们以穿三峡布制衣为时尚。以“兵工牌”为商标的各色三峡布在市面上盛极一时，供不应求。

抗日战争全面爆发后，卢作孚又主动与内迁的江苏常州大成纺织染公司、汉口隆昌染厂联合，成立了现代化的大明染织厂（后改名为“大明染织股份有限公司”），并担任董事长，在抗战大后方，该厂成为西南数一数二的纺织染厂，为支持抗战和服务人民生活作出了积极的贡献。[1]

（三）用心打造教育文化事业

在文化建设上的主要措施是创建中国西部科学院，这是中国第一所民办科学院。1928年，北伐完成，全国政局大体统一，南京国民政府先后成立中央研究院等科研机构，中外学者也多有到四川进行自然科学采集、调查者。卢作孚抓住任何可以开发四川资源、培养科学人才的机会，同省外来川的学术团体合作，派正在训练中的少年义勇队学员随同专家进行调查和标本采集活动。

① 陈淑宽：《卢作孚与大明厂的创办和发展》，载《北碚开拓者卢作孚》（《北碚文史资料》第3辑），重庆市北碚区政协文史资料委员会编印，1988年，第145-149页。

1930年，卢作孚在考察南京、上海、大连、沈阳等地后，带着外地的先进经验和强烈的民族责任感创办了中国西部科学院。科学院分设生物、地质、农林、理化四个研究所。理化研究所“应用科学方法，研究中国西部各省土产物料之性质，并采求其用途，以作开发资源之实际参考”；地质研究所“注重于矿产之调查，以求对地下资源有确切之估计……其他与开发资源有关系之人口密度、交通情形、地理形势等，凡在调查所及之区，皆尽量搜求参考资料，务期一地有一地之明了报告，籍（借）便实业界及社会人士之参考”；农林研究所“其主要目标在垦荒地、培育森林，并收求优良稻、麦、蔬菜、果树及牲畜，作改良之研究，试验成功，即从事繁殖推广，以增加农林生产”；生物研究所“其目标在采集全川、西南各省所有动植物标本，以供农业之改进，学术之研究”。科学院下辖之博物馆，设有动植物、西康风物、卫生、煤炭等陈列室，并附设动物园，饲有虎、豹、熊、狼、猴、獾等几十种野兽及鸣禽数十种供人参观。还设有图书馆，除收藏供各所使用的专业书刊外，还有普通图书1300余册和省内外报刊数十种，供民众阅览。中国西部科学院还通过出刊物、办墙报、开演讲会等方式来宣传科学文化知识，曾多次举办各种科普知识的展览会。这些都为民众接触现代化科学提供了有利的条件。①

① 潘洵、李桂芳：《卢作孚与中国近代乡村现代化的“北碚现象”》，《重庆师范大学学报（哲学社会科学版）》2011年第5期。

中国西部科学院惠宇楼

实验区民众学歌（20世纪40年代）

卢作孚积极致力于学校教育和社会教育，以培养服务社会、造福人群的建设人才。在学校教育方面，先后创办了小学、中学。在社会教育方面，专门设立了“民众教育办事处”，先后组织开办了船夫学校、力夫学校、妇女职业学校、三峡染织工厂工人学校、农民学校、挨户学校，甚至专为赶场的农民开办了场期学校，并且对私塾教育进行改良。据当时的统计资料，1936年4月至翌年4月，共办有半日校和夜校25所，成年学生达1031人。峡防局还设有民众会场，不仅集中了市场的人，还集中了四乡的人，放映各种电影、幻灯，演出音乐剧、戏剧。新剧或川剧演员，多是各机关服务的青年。峡防局常利用各种纪念节假日，开展大规模的民众活动，如开运动会、展览会……其内容均富有深厚的教育意义，其目的主要在于训练民众和养成集体生活的风尚。①

为把北碚建设成为“皆清洁，皆美丽，皆有秩序，皆可住居，皆可游览”的胜地，卢作孚在此兴办了大量为民众和社会服务的公共事业。他全面整修北碚市街，拆除过街凉亭，加宽街道路面，改建临街商业用房，亲自率领峡防局士兵，跳入污水沟，掏挖淤泥，清除垃圾粪秽，覆盖阳沟为阴沟，将旧街巷改造成纵横交错、宽广整洁的街道。并努力开辟新村，扩大城区范围。他还特别注重市容、市貌的美化和绿化，先后修建了北泉公园、平民公园、黛湖公园等，还从上海引进了“法国梧桐”植于市街两旁成行道树，后剪枝栽插于市街两旁，使北碚绿树成荫。规划修建了8个街心花园，使市民工余有一个休息的场所，使得北碚既是一座城镇，又是一座大花园。②

为保障民众的健康生活，峡防局训练士兵和学生担任北碚地方警察，负责维持公共秩序，管理公共卫生，发起灭蝇、灭鼠运动；组建消防队；在江边设饮水消毒站，供应民众的饮水；创办地方医院，免费为民众打防疫针、种牛痘；进行家

① 潘洵、李桂芳：《卢作孚与中国近代乡村现代化的“北碚现象”》，《重庆师范大学学报（哲学社会科学版）》2011年第5期。

② 潘洵、李桂芳：《卢作孚与中国近代乡村现代化的“北碚现象”》，《重庆师范大学学报（哲学社会科学版）》2011年第5期。

庭卫生、个人卫生的宣传，使乡民养成讲究卫生的习惯。[1]

卢作孚在重庆嘉陵江三峡地区，进行了近代中国西部地区乡村现代化的成功尝试，通过乡建运动将农村带入现代化的新生产和生活。北碚的乡村建设实验正是他“国家现代化”“乡村现代化”及“以经济建设为中心”思想与实践的具体体现。[2]

五、“北碚”二字名满天下

经过短短十余年的建设，北碚的行政建制得以确立，1936年建立嘉陵江三峡乡村建设实验区，1942年改设北碚管理局，按一等县设置机构和行使地方权力。北碚的面貌也发生了天翻地覆的变化。据不完全统计，从1927年至1949年这22年之中，北碚拥有原煤、棉纺、化工、医药、印刷、建材、电力、玻璃、陶瓷、食品、畜产品、五金工具等十多个工业门类，拥有中国西部地区最大的现代化采煤和棉纺织联合企业。不仅把昔日这个贫穷落后，社会治安混乱的乡场建设成了全国闻名的初具规模的现代化城镇，而且使其变成了一个社会安定、经济发展、文化教育普及的地区，城镇人口增加到8.7万余人，受到了中外人士的高度称赞。[3]

---

① 潘洵、李桂芳：《卢作孚与中国近代乡村现代化的“北碚现象”》，《重庆师范大学学报（哲学社会科学版）》2011年第5期。

② 刘重来：《论卢作孚乡村建设之路》，《西南师范大学学报（哲学社会科学版）》1998年第4期。

③ 刘重来：《卢作孚与民国乡村建设研究》，人民出版社，2007年，第338–346页。

20世纪20年代的北碚

1929年的少年义勇队新营房和北碚体育场

1933年中国科学社在北碚召开第十八次年会，来自全国各地的科学家参观了医院、民众教育馆、《嘉陵江日报》

馆、西部科学院、图书馆等机构，对北碚的乡村建设成就十分钦佩，称赞“北碚本一小村落，自卢作孚氏经营后，文化发展，市政毕举，实国内一模范村也”①。中国科学社总干事杨允中评价：“峡区各项事业，赖作孚先生之苦心经营，迄今可谓成功。江苏有南通，四川亦有北碚。南通之建设固是完备，而北碚之精神上之建设，视之南通更为完备，且精神之建设较之物质之建设尤为长久。”②

1935年2月中央军事委员会参谋团一行人参观北碚后盛赞：“巴县名胜之区，首推北碚。自经吾川卢作孚君日夜经营，擘手规划以来，将此数百里不毛之地建设得整饬有序，大有可观。使十年前遍地荆棘，匪风四炽之三峡，到如今竟成夜不闭户，游人如织之境界，真可谓化险夷为有用之地，开荒芜成名胜之区。能者自能，信不诬也。是以在川或异地来川之有识者，无不以赴北碚一游为快乐。”③

近代乡村建设运动的各位倡导者对北碚也极为推崇。黄炎培先生在1936年游历四川后写道：“诸君从普通地图上找‘北碚’两字，怕找遍四川全省还找不到，可见这小小地方，还没有资格接受地图编辑专家的注意呀！可是到了现在，北碚两字名满天下，几乎说到四川，别的地名很少知道，就知道有北碚。”④

1939年，晏阳初应卢作孚之邀来到重庆北碚参观，回去

①《中国科学社第十八次年会纪事》，《科学》1934年第18卷第1期。

②《北碚富于精神建设》，《嘉陵江日报》1933年8月27日。

③《参谋团畅游北碚》，《商务日报》1935年2月22日。

④ 黄炎培：《蜀道·蜀游百日记》，开明书店，1936年，第114页。

后对中国平民教育促进会同仁发表演说，他说："重庆的北碚有卢作孚先生所热心经营的乡村建设区，他无论如何要我和梁漱溟先生前去参观一下。我看到那里的工矿经济建设，都很有成绩。"[①]晏阳初对卢作孚的乡村建设以发展经济为主给予了充分肯定，希望自己领导的中华平民教育促进总会将来能与之合作。

同年，著名教育家陶行知也在参观了北碚各乡镇后，激动地说："久仰北碚的建设，来碚一周所见，可谓将来如何建设新中国的缩影。"[②]

20世纪40年代的平民公园

① 晏阳初：《四川建设的意义与计划》，载宋恩荣主编《晏阳初全集》第二卷，湖南教育出版社，1992年，第122页。

② 陶行知：《在北碚实验区署纪念周大会上的讲演》，华中师范学院教育科学研究所主编《陶行知全集》第三卷，湖南教育出版社，1985年，第311页。

北碚峡区地方医院的乡村防疫队（1937年）

1983年，著名乡村建设理论家梁漱溟撰文，称赞卢作孚“热心致力于地方与农村建设事业”，指出“重庆北碚就是他一手筹划和开创而发展起来的。作孚先生及其胞弟卢子英，从清除匪患，整顿治安入手，进而发展农业工业生产，建立北碚乡村建设实验区，终于将原是一个匪盗猖獗，人民生命财产无保障，工农业生产落后的地区，改造成后来的生产发展，文教事业发达，环境优美的重庆市郊的重要城镇，现在更成为一个重要的旅游区。”[1]

北碚的建设成就甚至传到海外，得到国际社会的肯定。1944年，私立乡村建设学院孙恩三教授在美国杂志 *Asia and the Americas* 撰文《卢作孚和他的长江船队》，指出“北碚现在

① 梁漱溟：《怀念卢作孚先生》，《名人传记》1988年第5期。

有了博物馆和公园，有了公路和公共体育场，有了漂亮的图书馆和一些建设得很好的学校，还有一个非常现代化的城市市容”，惊叹北碚是“平地涌现出来的现代化市镇”，“是迄今为止中国城市规划的最杰出的例子”。[①]1948年，由中美两国专家组成的中国农村复兴委员会来到北碚考察，北碚的城市风貌使他们大为吃惊：“各委员发现北碚市容，如宽广的街道、各种公共建筑、市政中心及其他事项，都远非普通中国城市所可望其项背。”[②]北碚由一个偏僻乡场变成为一座中外知名的美丽城市。

就这样，在短短的几年，北碚的社会经济和文化教育发生了巨大变化，从昔日贫穷落后、盗匪横行的小乡场，蜕变成了中外瞩目的模范城镇。在抗战时期，更建设成为大后方重要的能源基地和科学文化中心，开创了民国时期中国乡村现代化的“北碚现象”。[③]

---

① 孙恩三：《卢作孚和他的长江船队》，《亚洲与美洲》（Asia and the Americas），1944年第6号。译文载《卢作孚研究》2005年第3期。

② 吴相湘：《晏阳初传》，岳麓书社，2001年，第382页。

③ 潘洵、李桂芳：《卢作孚与中国近代乡村现代化的“北碚现象”》，《重庆师范大学学报（哲学社会科学版）》2011年第5期。

20世纪40年代北碚街景

第四章 后方名城

从1931年九一八事变爆发到1945年中国抗日战争胜利，在长达14年的中国抗日战争中，西南一隅的重庆北碚始终紧扣抗战救亡的主旋律，为中华民族抗日战争的胜利作出了彪炳史册的历史贡献。九一八事变后，在卢作孚的支持下，峡防局成立东北问题研究会，倡议抗日救亡主张；1936年6月至1938年，重庆救国会总干事漆鲁鱼、学联负责人刘传茀等通过各种渠道，先后几次在北碚发展救国会组织，领导北碚各界群众积极开展抗日救亡活动。同时，为了提醒国民不忘国耻，北碚率先以沦陷省市名字在北碚街道命名，一直延续到全面抗战时期，至今仍保留了诸如辽宁路、吉林巷、黑龙江巷、广州路、南京路、天津路、上海路、北京路、太原路等街名。抗日战争全面爆发后，北碚成为国府重庆的重要迁建区，国民政府各院、部、局等30余家单位，中央研究院动植物研究所、中央工业试验所等50余家科研、文化、宣传、教育、新闻机构，复旦大学、国立江苏医学院等16所国立、私立大专院校，以及大成纺织染公司、河南中福煤矿公司等多家工矿企业迁入北碚。伴随着大批机构迁入北碚，郭沫若、陶行知、老舍、梁漱溟、晏阳初、梁实秋等文化名人，华莱士、李约瑟等一批外国政要及学者，接踵而至，“抗战北碚”声名鹊起，北碚成为当之无愧的战时首都重要迁建区、后方重要经济重镇、后方科学文化中心。时至今日，“三千名流汇北碚”“科技诺亚方舟”等北碚雅名广泛流传，“张自忠墓”“梁实秋旧居——雅舍”“中国西部科学院旧址”“复旦大学旧址”等一大批抗战遗址铭记着那段岁月。

一、未雨绸缪的东北考察

1930年3月8日到8月21日，卢作孚率领联合组考察团出川，前往华东、华北和东三省各地考察农林科技、实业发展、时政经济与城市建设，考察历时半年之久。[①]此行的目的原本是为发展峡防局事业，到沿海和华北寻求突破瓶颈的人才和技术。参与人员主要是民生公司、北碚峡防局、北川铁路公司等机构的负责人和青年骨干，一行15人，包括卢作孚、李云根、李佐臣、舒承谟、梁仑、胡绶若、陈德、卢魁杰、唐瑞五、李公辅、高孟先、李趾青、袁伯坚、李慕尧、邓愚山等。

在上海、南京、杭州、天津、大连、青岛、北平等地拜访了黄炎培、蔡元培、秉农山、周孝怀、张伯苓等人，访问了中央研究院、中国科学社、中央大学、南开大学、江苏省昆虫局、江浙各大工厂等机构，为下一步的发展争取技术和人脉网络的支持。

① 张守广：《1930年卢作孚出川考察的背景、活动及其意义》，《卢作孚研究》2009年第3期；刘重来：《试论卢作孚乡村建设思想的转变——1930年出川考察的重大收获之一》，《卢作孚研究》2009年第3期。

卢作孚在考察过程中，曾委托任叔永邀请实业科学专家来川考察，任叔永答应其请求，邀约中央研究院工程所主任周子竞、黄海化学工业研究所主任孙学悟、北平地质调查所所长翁文灏到四川考察。[①]

不过，此行对考察团刺激最大的还是日本经营东北的图谋和手段。6月下旬开始，卢作孚一行考察了大连、旅顺、沈阳、抚顺、哈尔滨、长春、吉林、敦化等地，参观了日本人经营的矿山、工厂、铁路、学校、商场、博物馆等。他在游记中写道，“日本人之经营东三省以满铁会社为经济事业的中心，以大连为经济市场的中心，以旅顺为军事政治的中心，用尽全力”，“实在是全中国人应该注意的问题。最要紧的办法是自己起来经营，才能灭杀日本人的野心”。[②]

东北之行给卢作孚等人留下了深刻的印象。在一年后的《〈东北游记〉再版序》中卢作孚写道：“我们一度游历东北，见日本人在东北之所作为，才憬然于日本人之处心积虑。才于处心积虑一句话有了深刻的解释，才知所谓东北问题者十分紧迫，国人还懵懵然未知，未谋所以应付之。”[③]东北考察让他们对日本人经营产业之用心，以及日本人对东北之野心有了切身感受。这些都强烈地刺激着考察团的神经，使他们成为北碚抗日救亡运动的先觉者。

---

① 《省内纪事》，《星槎》1930年第19期。

② 卢作孚：《东北游记》，载张守广、项锦熙主编《卢作孚全集》第1卷，人民日报出版社，2016年，第232页。

③ 卢作孚：《〈东北游记〉再版序》，载张守广、项锦熙主编《卢作孚全集》第1卷，人民日报出版社，2016年，第364页。

作为考察团的组织者，卢作孚坚持日记的写作，其内容十分翔实，既有旅途见闻，也有反思和总结。他希望将这些情形及时传递回川，“报告三峡中共同努力的青年，盼望由此而更加努力”[①]。卢作孚在东北考察后期便将部分日记邮寄回峡，峡防局即将其印成小册，分赠友人。不久，又将其余部分再印一册，亦作赠品。

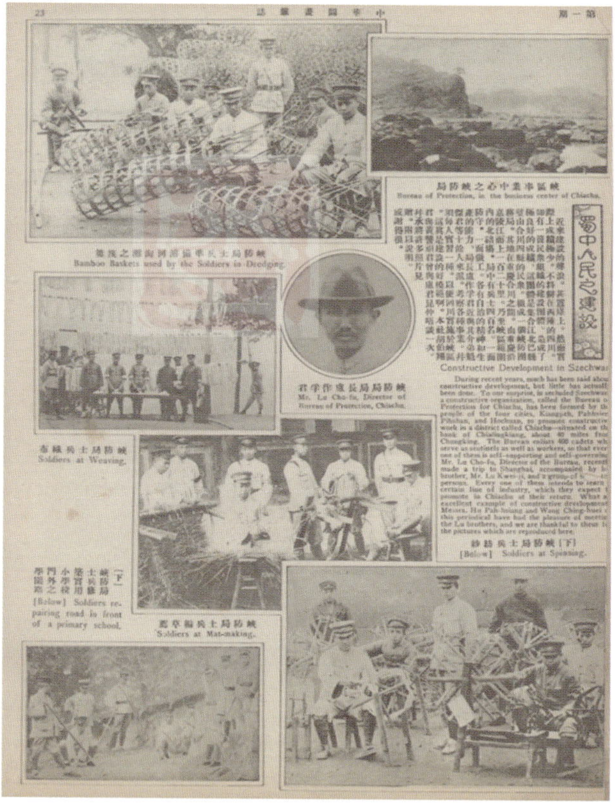

《中华图画杂志》对峡防局的报道（1930年第1期）

① 卢作孚：《〈东北游记〉再版序》，载张守广、项锦熙主编《卢作孚全集》第1卷，人民日报出版社，2016年，第364页。

二、东北问题研究会的成立

1931年9月18日，日本关东军策划了侵占中国东北的九一八事变。事变爆发后，远在西南的北碚率先做出反应，峡防局机关报及时报道这次东北事件的真相。9月22日，卢作孚专门从重庆致信峡防局主管人员，指出此事关系重大，且极为紧迫，应该组织力量对东北问题进行深入研究。9月23日晚，峡防局连夜召开会议，与会人员一致同意在北碚发起成立东北问题研究会，研究会所需材料由峡区图书馆尽量提供，共同研究东北问题。

卢作孚(《工读试刊》1935年第6期)

至于如何开展东北问题研究，峡防局根据已有的经验，将相关研究学习内容一共划分成文化、政治、经济、军事、交通五大类，分别由局内各机关负责人牵头组织研究。具体而言，文化类包括教育、新闻、慈善等内容，由峡防局教育指导员张从吾(兼任兼善中学训育主任)等人负责；政治类包括移殖、警察、外交等内容，由峡防局政治股黄子裳主任等人负责；经济类包括农业、工商、矿业等内容，由聚兴诚银行伍玉璋经理、峡防局工务股缪成之主任等人负责；军事类包括海陆空等内容，由峡防局卢子英主任等人负责；交通类包括邮、电、路、航等内容，由卢作孚局长亲自负责。[①]

仅仅用了一个月的时间，峡防局就构建了一个较为全面的东北知识系统，大体以东北史地和中日关系为总论，具体分类为地理、交通、交涉、文化、军事、政治、经济等方面的内容，基本囊括了日本侵略东北的关键方面。同时，针对每个方面，峡防局又设计了具体题目，并突出需要注意的关键环节。比如，“总记”包括东北问题总论、满洲之国际关系、满洲的中日关系论、从日本方面所见之满蒙、日本侵略满洲的主要工具、满洲的历史研究、中国方面所见的满蒙等。政治方面则包括日本政党、对华政策、日本在东省的政治势力、殖民等项内容，其中“殖民”项下又包括日本殖民中国情况、日本反华势力的增长、日本人在满洲的职业、殖民区域、朝鲜人的北侵、东省之国权丧失等次级类目。经济方面包括日本人与东北、人口与移民、土地垦殖与地租、土壤与作物、牧畜与渔业、地质与矿产、煤、棉与纱、事业与劳动、商业与运输、贸易与国税、银行货币与金融市场等12项内容。[②]

另外，在卢作孚的领导主持下，东北问题研究会举办了一些纪念性活动。

---

① 《峡局全体人员研究东北问题》，《嘉陵江日报》1931年9月25日。

② 《峡局职员研究东北问题之分类大纲（续）》，《嘉陵江日报》1931年10月24日。

北碚温泉公园(《良友画报》1941年第162期)

三、战时首都的重要迁建区

1937年,资本主义世界爆发了新的经济危机,同时,日本与英、美帝国主义在争夺亚洲和太平洋地区霸权方面的矛盾日益尖锐。同年7月7日夜,侵华日军突然向驻扎北平(今北京)西南卢沟桥附近的中国守军发动进攻,卢沟桥事变爆发。8月13日,上海淞沪会战爆发。8月14日,为了所谓的“膺惩暴支”,侵华日军把战火烧到中国首都南京。该日，日本海军航空队从日本本土出发对南京进行了“跨海轰炸”。在随后的两个月中，侵华日军对南京轰炸达65次，“骚扰破坏无时或已，我无辜民众惨死敌弹之下，……文化组织、慈善团体以及医疗机关等，亦莫不遭其摧毁，每一弹落，墙圮壁颓，血肉横飞”①。10月30日，国民政府在南京举行国务会议，商定了迁都重庆的具体事宜。11月12日，上海沦陷，首都南京岌岌可危。11月17日，国防最高会议举行常会，做出国民政府及中央党部迁都重庆的决定，当晚，林森率国民政府文官、参军、主计三处的官员，乘坐“永绥”号军舰离开南京奔往重庆。11月20日，国民政府公开发布《国民政府移驻重庆宣言》，到1938年8月5日，除军事委员会下属机构外，国民政府、国民党中央驻武汉各机关全部迁到重庆。

救亡图存唯有抗战(《良友画报》1937年第131期)

国民政府迁都重庆，以重庆为中心，包括西南与西北的抗战大

① 《南京市长马超俊就本市被日机空袭损伤情况致行政院呈文》，南京市档案馆藏，档案号：1001-1-659。

后方,成为支持和支援抗日战争的战略基地。北碚距离重庆约40公里,经过20世纪二三十年代的发展,到1937年时已经成为重庆乃至中国的一个重要的城镇,抗日战争全面爆发后,尤其是在1938—1944年重庆遭受日机轰炸期间,成为战时首都的重要迁建区。

此时,北碚因其地理、资源方面的优势,一时间迁来的机构林立、人才荟萃、工矿企业繁盛,成为后方的一个重要的政治人文高地、科技文化重镇。各类机构大批迁驻北碚,归纳起来有三个重要时期:宜昌大撤退下的大规模迁碚、大轰炸背景下的二次迁建、豫湘桂战役后的陆续迁碚,涉及的内迁机构种类有政府机关、科研院所、教育院校、文化新闻机构等。

第一类为迁驻北碚的国民党中央及国民政府各院、部、局,主要有国民大会代表选举总事务所、国民党中央海外部、国民党中央组织部国民政府立法院、国民政府司法院、国民政府司法行政部、中央公务员惩戒委员会、国民政府主计处统计局、最高法院检察署、财政部税务署、财政部禁烟督查处、全国度量衡局、中央军委战地党政委员会、中央执委革命勋绩审查委员会、国防部最高委员会文卷管理处、行政院水利委员会水利示范工程处、行政院非常时期战地服务团、交通部重庆公共汽车管理处、军需学校、军政部兵工署驻北碚办事处、内政部敌国人民第一收容所、经济部日用品管理处等单位。

第二类为迁驻北碚的科研机构,主要有国立中央研究院动植物、气象、物理、心理等研究所，中央工业试验所，农林部中央农业实验所，中央地质调查所，经济部矿冶研究所等20余个研究单位。

第三类为迁驻北碚的教育院校，主要有复旦大学、江苏医学院、国立歌剧学校、戏剧专科学校、社会教育学院电化教育专修科、国术体育师范专科学校、立信会计专科学校、中央测量学校等20余所大中专院校。

第四类为迁驻北碚的文化新闻机构，主要有中山文化教育馆、中国辞典馆、国立编译馆、正中书局、中苏文化杂志社、教育部教科书编辑委员会，以及文摘出版社等30余家单位。

在各类机构内迁北碚的过程中，每一个内迁机构的背后均有一个可歌可泣的西迁故事。其中，最为典型的是复旦大学迁入北碚。

战时迁碚的复旦大学校舍（剑桥大学李约瑟研究所供图）

1905年，于右任、邵力子等原震旦公学学生脱离震旦，拥戴马相伯在上海吴淞创办复旦公学。校名撷取自《尚书大传·虞夏传》"卿云烂兮，纠缦缦兮；日月光华，旦复旦兮"两句中的"复旦"二字，本义是追求光明，寓含自主办学、复兴中华之意。马相伯、严复等先后担任校长。1913年李登辉开始担任校长，一直到1936年。在他长达23年的校长任内，复旦发展成为一所以培养商科、经济、新闻、教育、土木等应用型人才闻名的、有特色的私立大学，形成了从中学到研究院的完整的办学体系。

抗日战争全面爆发后，北京大学、清华大学、南开大学奉命南下长沙，组织长沙临时大学。八一三淞沪会战爆发，国民政府教育部指令上海复旦大学、大同大学、光华大学、大夏大学等四所私立大学组成联合大学，各自筹款内迁。

大同大学、光华大学因经费无着落而退出，复旦大学、大夏大学组成了中国历史上第一所联大，联大校长由复旦大学代理校长钱永铭、大夏大学王伯群担任。联大根据国民政府教育部命令分为两部，第一部以复旦大学为主体，由复旦大学副校长吴南轩[①]、大夏大学教务长吴泽霖领导，前往江西；第二部由大夏大学副校长欧阳怀、复旦大学教务长章益领导，直奔贵州。同年11月初，联大第一部师生900余人到达庐山，立足未稳之际侵华日军兵锋已于12月初逼近首都南

① 吴南轩（1893—1980），江苏仪征人。1919年赴美国留学，获硕士、博士学位。1940年起代理复旦大学校长，后为校长。1949年去台，次年受聘为麻省国际学院教授。1966年任台湾政治大学文学院院长。

京，不得已乘船溯江西上重庆，然后转赴贵州与第二部会合。到重庆后，第一部师生得知贵阳无校舍，不得已暂停重庆，而重庆各界闻讯后，表示欢迎其留渝办学。

1938年2月，复旦大学副校长吴南轩在重庆校友的帮助下，前往嘉陵江一带寻找校址，选定北碚东阳为永久校址。同年2月3日，钱永铭、王伯群就联大在北碚觅地建校一事报请国民政府教育部，2月16日，陈立夫部长签发训令，同意复旦大学选择北碚东阳为其永久校址。

钱永铭、王伯群就联大在北碚觅地建校事报教育部呈文

（1938年2月3日）

窃原校迁渝开学复课，结束二十六年度上学期，业已报部在案。惟所借重庆复旦中学校舍，系原临时性质，急须归还应用。一月以来，南轩在川省各地勘访永久校址地点，比较斟酌，未能妥善。昨在北碚看得嘉陵江东岸，即北碚对岸，东阳坝平地千亩，最为适宜。交通方便，环境佳良，附近有民居可临时应用。一面陆续建造房屋，布置设备，本年暑期内可稍具规模，他日发展亦有余地。除已与本省及当地主管机关接洽进行外，合行呈请准依《土地征用法》征用东阳坝土地，以便经营而期久远。恳予照准，至为德便。谨呈

教育部部长陈

钱 王 吴

中华民国二十七年二月三日[1]

① 复旦大学档案馆选编《抗战时期复旦大学校史史料选编》，杨家润执行主编，复旦大学出版社，2008年，第14页。

教育部指令

（1938年2月16日）

令私立复旦大夏联合大学：

二十七年二月三日呈一件——为请准予征用北碚东阳坝土地由。呈悉。该联合大学第一部拟于北碚觅地为永久校址，应予照准。所请征用北碚东阳坝土地一节，应依照土地法土地征收编之规定，迳与当地政府商洽办理。除咨四川省政府协助进行外，合令知照。此令。

部长 陈立夫

中华民国二十七年二月十六日[①]

1938年6月2日，恰逢端午节，吴南轩自四川到上海，参加了复旦大学同学会，并应邀以《复旦在北碚》为题做了一场报告，在报告他讲明了为何选择北碚为校址，“母校自去秋‘逼上庐山’后，未几，又被‘强迫旅行’。自牯岭下山，以专轮至汉，既抵汉，船不肯前进，数经交涉，始载至宜昌登陆。再自宜昌跋涉山川，而抵重庆，暂止于重庆复旦中学。时犹与大夏合称联大，大夏先去贵阳，复旦本有随后前去之议。乃抵重庆后，大夏连电挡驾，而重庆又人烟稠密不可以建校。母校当局乃四出相地，远至成都街亭，都去看过，结果乃看定北碚，于今年二月迁去。北碚距重庆不过二百里，陆路以车，两小时可达，水路以舟，三小时可达。北碚是一

① 复旦大学档案馆选编《抗战时期复旦大学校史史料选编》，杨家润执行主编，复旦大学出版社，2008年，第57页。

乡村，背山临水、风景奇丽，曾经卢作孚先生经营为实验区，故乡村中又略带城市化，以此建校，最称适合”[①]。并盛赞学校自迁入北碚后，学风更加“纯洁敦朴”。

1942年元旦，经国民政府行政院批准，复旦大学由私立改为国立，全称为“国立复旦大学”，吴南轩、章益先后出任校长。1946年夏，渝校迁回上海江湾原址，与沪校合并。北碚的校舍、校地则由复旦大学重庆校友创立的私立相辉学院使用，1950—1951年，相辉学院和其他学校合并，组建成立西南大学的前身之一——西南农业学院。

四、三千名流汇聚北碚

抗日战争全面爆发后，随着东部沿海城市的不断沦陷，武汉、重庆、成都、昆明、桂林、延安、香港等渐次成为文人作家们驻足、栖身以及文化传播、生长之地。从武汉的中华全国文艺抗敌协会的成立与文人在文艺救国的统一战线下的汇聚，到重庆成为战时中心之后文人们伴随内迁机构团体的到来，再到昆明西南联大的学院派文人之云集，以及驿站式的流寓之地桂林的热热闹闹的剧运、剧展，和解放区轰轰烈烈的文艺大众化实践……不同地域、趣味各异的文化圈就此产生。而且，文人的游走不定、刊物的生灭聚散、机构的迁徙辗转、战局的起落陡转和政治空气的变化多端等，都影响

① 费巩：《吴南轩副校长在复旦同学会上的报告〈复旦在北碚〉》，选自复旦大学档案馆选编《抗战时期复旦大学校史史料选编》，杨家润执行主编，复旦大学出版社，2008年，第29-30页。

甚至决定着这些圈子的发生、发展、变幻乃至消歇的状貌。[1]

战时，在卢作孚大力支持和北碚人民热情欢迎的感召下，北碚聚集了老舍、梁实秋、翦伯赞、陶行知、晏阳初、陈望道等各界名流，北碚遂成为大后方文化名流地区分布相对集中的典型区域，以复旦大学为中心的北碚夏坝文化区，与重庆沙磁文化区、江津津沙文化区以及成都华西坝文化区构成了大后方著名的四大文化区。

周总理曾三次来碚，其中有一次是在抗战时期。1940年9月，当时的国内形势是日本既加紧武力进攻，又加大对国民政府的诱降，而国民党内部正准备掀起第二次反共高潮，周恩来和邓颖超为传播民主革命真理，在育才学校负责人陶行知的陪同下，来到了北温泉，接见了刚从上海经香港转赴北碚复旦大学的陈望道，许多住在附近的文化界和教育界的人士闻讯赶来，大家一起亲切交谈。

第二天周恩来和邓颖超二人又沿嘉陵江逆水上草街子，来到了育才学校，当整个学校的师生围在两人面前时，周恩来向大家讲述起了红军长征的故事和革命的光明前途，尤其鼓励同学们为真理而斗争，为新中国的前程而奋斗。当晚，周恩来又接见了全体教职工，他从国共合作讲到百团大战，详尽地分析了中国人民必胜，日本帝国主义必败的道理。周恩来的这次北碚之行，通过党的征程结合自身感悟，鼓励大

① 陈刚：《北碚文化圈与1940年代文学》，博士学位论文，吉林大学，2005年，第4页。

家的斗志尤其是坚定了民众抗日必将胜利的信心，周总理的音容笑貌和平易近人的风度，至今留在许多人心中。

北碚本身有着灵秀静谧、祥和开放的氛围，故吸引到此的文教名流更是数不胜数，最关键的是教授专家们在此安贫守道，教书育人，培养出无数的进步青年，上前线、留后方，从事抗日救亡运动，而以天下为己任的文化人们，也在此迸发出创作的灵感，无数的文学、艺术、文化精品应运而生。

例如著名作家老舍，其并非抗战初始就移居北碚，作为抗战时期中华全国文艺界抗敌协会的主要负责人，在1940年6月协会总会被日机轰炸，急需另辟据点时，他最终选择定居北碚，并在此主持林语堂先生赠宅基础上新建的协会北碚办事处。在这里，老舍以极大的热情投入抗日小说、戏剧、诗歌的创作中，用自己的笔不知疲倦地和敌人战斗。

舒乙在《战火中的第二故乡》中回忆北碚时称赞其为全国精英的聚集之地。

在抗战前，北碚是个默默无名的嘉陵江边的小镇。抗战使它名扬四海，全国的精英一下子集聚在这个西南小镇，成为大后方的文化中心，这在历史上是很罕见的。

1943年夏，老舍先生来北碚定居。也是在这一年，母亲胡絜青携我们几个孩子由北平逃到重庆，全家在北碚团聚，从此定居在蔡锷路24号，也就是现在的北碚四世同堂纪念馆。因为那里老鼠很多，老舍先生就趣称之为“多鼠斋”。

来重庆的路上，我们经过的都是在战火中挣扎的城市，看到的都是贫穷和战乱的景象。而到达北碚时，却看到了一个干净整洁、处处充满生机的城市。街道的两旁生长着茂密的法国梧桐，还有用各种植物组成几何图案的街心花园。北碚的建设者卢作孚先生和卢子英先生都是充满理想的人，他们建设北碚的理念与水准，在当时的中国已经很先进了。

从1943年到北碚上小学，到1950年离开，我在北碚度过了7年难忘的童年时光。①

除中华全国文艺界抗敌协会外，还有文化组织“三峡区文协同人聚谈会”，这是由北碚夏坝复旦大学中国文学系教授胡风所组织的，胡风在此串联散居在峡区的文化名人，将他们组织起来，开展抗日救亡运动。胡风与他主编的《七月》月刊，在北碚提高了民众抗日救亡情绪和认识，使大家趋向民族解放的总路线，由此产生了“七月派”作家群，这些为之撰稿的作家、诗人，虽然经历各异，但他们都继承和发展了我国诗歌的现实主义传统，使新诗走向了广大群众，走向了火热的战斗生活。

在这个过程中，北碚的教育界，如复旦大学新闻系主任陈望道等也在不断发出进步声音。如果说当时的复旦大学是“民主的堡垒”，那么新闻系则是这堡垒上的一面旗帜，复旦有很多进步组织、抗日团体和进步刊物，莫不与新闻系有着密切关系，陈望道主持的新闻系是兼容并包的，校内新闻馆里还有一台收音机，每晚收播延安广播，久而久之，进步同学甚至都感觉自己就生活在延安，其他人也说夏坝真是个“小延安”。

① 舒乙：《战火中的第二故乡》，《人民日报》，2015年9月1日第13版。

北碚是抗战的“小延安”。抗战时期是北碚党组织得以发展壮大的时期，随着大批机关、工厂、学校和科研机构相继迁入北碚，共产党一些领导人也先后来到北碚进行革命活动。1937年，中共重庆市工委成立后，宣传部部长鲁漆鱼来碚在救国会成员中发展了第一批党员。北碚实验区署及其下属机构中，教育股、警察所、民众教育馆、《嘉陵江日报》社、北碚月刊社、民众图书馆，以及中国西部科学院和中小学等单位都发展有中共党员。北碚党组织有两个重点，一个是复旦大学，另一个是天府矿区。北碚城区委领导重要的街道支部，兼善中学支部，西部科学院支部，大明染织工厂支部，手工业工人支部等。1938年12月北碚特区委改为北碚中心县委，领导北碚及邻水、合川、铜梁、大足以及璧山等县党组织工作，共有党员520人。在中心县委和各级党组织的领导下，以天府煤矿工人、复旦大学学生为代表的抗日民主运动蓬勃发展，有力地支持了前方抗战。

李约瑟在北碚出席中国化学会年会与王家楫（右三）等合影（1943年）

英国著名科学史家李约瑟，到北碚参观后也赞叹道：“无疑，此地最大的科学中心是在一个小镇上——北碚，它位于嘉陵江畔。这里有十八所科学和教育机构，它们大多数都有极大的重要性。”[①]

1943年7月18日至20日，在中国科学界有悠久历史的“中国科学社”和中国地理学会、中国气象学会、中国数学会、中国动物学会、中国植物学会等六个团体在北碚正式召开联合年会。全国著名科学家和来宾300多人提交了500多篇论文，在重庆师范学校大礼堂举行开幕式，由翁文灏会长主持，卢作孚是大会筹备主任。年会主要讨论“科学与建国”和“国际科学合作”等问题，倡导“全中国的科学人团结起来，动员我们所有的力量与技术，把科学与真理的死敌——法西斯从中国、从地球上消灭掉！”[②]与会代表都很振奋，任鸿隽先生代表六团体致辞说：“从这次年会提出的论文很多这一点看来，我们的科学是敌人的飞机大炮所不能摧毁的。”[③]卢作孚提议在北碚建立科学馆以作抗战中科学成就的纪念也得到了与会学者们的支持与肯定。[④]

蒋介石在渝八年，也数次到碚，其中既有公务，也有游山玩水，但多以视察工作和祭祀扶灵为主。比如1943年10月，澄江成立了荣誉军人自治实验区，蒋介石随宋美龄来到北碚

① (英)李约瑟，李大斐：《李约瑟游记》，余廷明等译，贵州人民出版社，1999年，第96页。

② 《社论：科学与法西斯不两立》，《新华日报》1943年7月18日。

③ 《六科学团体联合年会，昨日在北碚开幕》，《新华日报》，1943年7月19日。

④ 陆希(Lucy)：《〈新华日报〉镜像下的北碚报道研究(1939—1947)》，硕士学位论文，西南大学，2018年，第46页。

澄江镇，宋美龄主持了开幕典礼，蒋介石致了“训词”，并由两人一同检阅荣誉军人。而扶灵则是指抗日民族英雄张自忠殉国落葬祭奠，1940年11月16日，蒋介石亲自主持仪式。1944年5月，蒋介石又题写了“英烈千秋”四字，后来被刻成石碑，立于碚青公路上。

此外林森也是北碚的常客，除常规的视察外，林森因名为国家主席，实则有职无权，遂闲情逸致，优哉游哉，成了北碚的座上客，林森到碚最爱做的事就是题字，曾为火焰山平民公园题字“清凉亭”，1937年12月26日林森到碚游憩，又在休息时为《北碚》月刊题写了“北碚”二字，为《嘉陵江日报》题写了刊头，两刊均于1938年元旦发刊，林森后又为《嘉陵江日报》题了“民主喉舌”四个字，并赠与了日报工作人员。1938年2月，林森应太虚法师邀请，赴缙云山礼佛，为汉藏教理院题词“华藏总持”。据说，林森还曾在北碚街上向一卖背篓老翁买东西，付完忘了拿回找钱便离去，老翁追赶上补了钱，林森大为感动，叫副官取出纸笔，写了“公平交易”四个字送给老翁。[①]冯玉祥也常来北碚活动，有时在北碚小住十天半月，他到碚的主要活动是卖字鬻画，为抗日募捐，他有时也资助贫寒学生，比如曾捐赠育才学校相当数量的经费，也为生活教育社和复旦大学捐过助学金。

① 李萱华：《北碚在抗战：纪念抗战胜利七十周年》，西南师范大学出版社，2016年，第61-63页。

五、战时重庆活力的源泉

抗日战争全面爆发后，在沿海地区相继沦陷、国际运输路线受阻、中东部地区工业（含手工业）遭到重创的情况下，以川、滇、黔、陕、甘等地为主的大后方成为支持、支援中华民族抗战的基地，该区域的资源得到调查及开发、利用，除了昆明、桂林、贵阳、成都、西安、兰州、重庆等中心城市之外，又涌现出一批颇具地域特色的城市，如蒙自、雅安、内江、自贡、万县等，北碚因其毗邻重庆的特殊地理位置及得天独厚的煤炭资源禀赋，很快成为后方重要的经济重镇。

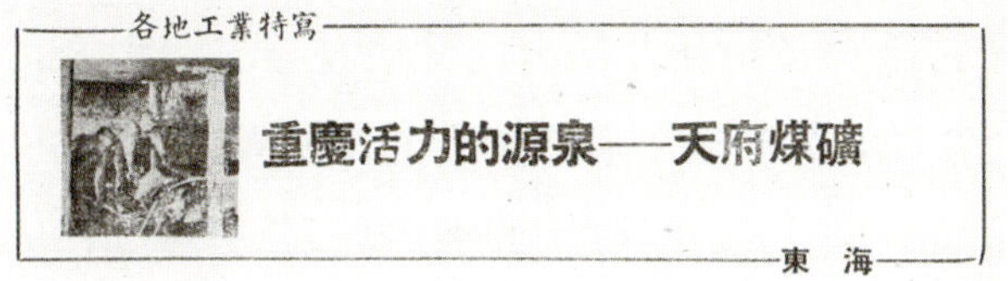
各地工業特寫
重慶活力的源泉——天府煤礦
東　海

笔名东海的作者在《重庆活力的源泉——天府煤矿》中是这样描绘北碚的：

打开地图来看，大巴山的一支走向西南，在达县邻水地区就是盗匪出没的华蓥山，再到合川与奔往东南的嘉陵江相遇，被它冲刷成断岩绝壁的小三峡，这里有北碚温泉的名胜，也出产煤和石灰，在北碚下游三四里的峡中，煤屑与石灰布满了白庙子的斜坡与石梯所组成的街，它是这一区大大小小煤矿通往外面的总口。在这里一百多家煤矿中，最大的要算天府煤矿了，它有北从大田坎南到白庙子总长一六·八公里的铁路及其沿线的矿区，重庆每月用的六万多吨煤中，四万多吨都是天府供给的，矿上的员工及其眷属差不多有一万人，在整个西南，要算第一大煤矿。[1]

天府矿业股份有限公司是由（原）天府煤矿、河南中福煤矿公司、北川铁路公司合并而成的股份有限公司。煤矿的两大矿区为江北观音峡煤区和合川煤区，在抗战中，天府煤矿逐渐发展成为大后方最大的煤矿，鼎盛时期公司内的工人达六千多人，对供给后方煤炭需求及抗战胜利作出了重要贡献。

北碚所在嘉陵江上游地区，煤炭资源丰富，产量旺盛。17世纪中叶明末清初时期，文星场一带便有原始洞穴式小煤窑出现。17世纪后期，文星刘家槽、二岩甲子洞先后办起了煤矿。到20世纪初北碚境内文星场、代家沟、二岩、缙云山南北坡已有煤矿数十家。较大的煤矿有代家沟至文星场一带的福和煤厂、天泰煤厂、和泰煤厂、公和煤厂；二岩一带的复兴和炭厂、兴发公炭厂以及缙云山南北坡的双连煤厂、屋基煤厂、翕和煤厂、久大煤厂等。嘉陵江沿岸的黄桷镇、金刚碑、二岩、夏溪口也相继形成了煤港。黄桷镇有煤坪百多家，运煤工人万余人；金刚碑有煤坪二三十家，运煤驮马300多匹。煤炭运销重庆及川北各地。[2]20世纪20年代后，北碚境内煤炭工业进一步发展。1921年，北碚枧槽沟同兴煤厂建成平洞380米，日产原煤近100吨。1925年，三才生煤矿建成投产。1928年，宝源煤矿公司成立，年产煤逐步增至12.5万吨。

① 东海：《重庆活力的源泉——天府煤矿》，《科学时代》1947年第2卷第3期。

② 重庆市北碚区地方志编纂委员会：《重庆市北碚区志》，科学技术文献出版社重庆分社，1989年，第196页。

白庙子卸煤码头

天府煤矿的矿区位于观音峡煤田(今合川、北碚和渝北境内),太平天国时期已有开采,但是,由于运输条件落后,发展很慢。1927年,卢作孚联合张艺耘和唐建章组建北川铁路公司,并于1928年11月开始修建北川铁路。1933年,南起嘉陵江白庙子,北止合川大田坎全长16.8公里的四川第一条运煤窄轨铁路——北川铁路全线建成通车。同年,枧槽沟同兴厂、老龙洞福和厂、石笋沟又新厂、芦梯沟天泰厂、后峰岩和泰厂为了扩充营业,相约就各厂现有之资产估值,作为股份,设立公司,以归划一,并邀集民生、北川两公司投资,于是年6月24日发起成立天府煤矿,后聘请卢作孚为董事长。[①]其后麻柳湾公和厂亦随之加入,天府煤矿公司同年8月接收同兴厂,9月接收天太厂。1934年5月接收公和厂,7月接收福和又新二厂,11月接收和泰厂。[②]在全面抗战发

① 重庆市地方志编纂委员会:《重庆市志·第四卷》(上),重庆出版社,1999年,第58页。

② 江巴璧合四县特组峡防团务局:《峡区事业纪要》,峡防团务局印,1935年,第59页。

生之前，北碚的煤业曾经一度萧条，尤其是1936年四川省大旱之后，人工过剩，产量供过于求，煤价一落千丈，经营煤业的大多亏损不堪。[①]

1937年11月，国民政府迁都重庆，东部沿海工矿企业、科研院校、政府机关及大批难民也陆续内迁重庆。一时间重庆工矿企业林立、学校猛增、人口急剧上升，对于能源的需求大量增加。相对于石油、酒精等其他能源而言，煤炭因其在钢铁、电力、化工和交通等行业中的特殊价值随即成为抗战时期重庆的重要能源。作为当时大后方最大的煤矿，天府煤矿对重庆的社会经济和抗战的胜利奠定了重要的物质基础。卢作孚鉴于重庆燃料需求激增，而煤矿业发展缓慢，供不应求，提出了“加强后方煤矿工业，以利抗战建国”的主张。但是，当时天府煤矿的机械配备不足，通风、排水、搬运等各项工作均有待于补充与改善。[②]

从1938年7月起，聚集在宜昌候轮赴川的人员超过30万人，兵工署、资委会和民营厂聚集在宜昌江边的货物堆积如山。武汉撤退后，宜昌情形更加危急，“当时存积宜昌的兵工器材，差不多有十三万吨，必须赶速抢运，当时川江水位已经开始枯落，宜昌重庆间轮船的总运量，每月不过六千吨”[③]。由于大部分轮船被兵工、军需两署统包，木船为避免各机关恃强抢用，多逗留宜昌附近的黄陵庙附近不肯东

① 社会部统计处编印:《北碚社会调查概况》(社会调查与统计第二号)，1943年，第67页。

② 程宗阳:《四年来之天府煤矿》,《驿运月刊》1942年复刊。

③《战时后方水上运输是怎样维持的》,《新世界》1944年第5期。

行，民营厂矿的器材运输更加困难。为解决长江上游水上运输中出现的混乱局面，国民政府决定成立军事委员会水陆运输管理委员会，任命交通部次长卢作孚为主任委员，驻宜昌主持指挥轮船运输。出于发展天府煤矿的目的，卢作孚在通过航运实施大撤退的过程中，他也在接触到的企业中为天府煤矿的发展寻找合适的合作伙伴。

中福煤矿系河南中原股份有限公司与英国福公司在1915年合办的大型煤矿，原称为福中新公司，1933年改名为中福两公司联合办事处（简称中福公司），由于管理不善，濒临倒闭。应公司英方要求，国民政府任命翁文灏为中福公司整理专员、孙越崎为中福公司总工程师进行整理，以两年为期。从1934年冬开始整理，孙越崎经过努力，迅速取得明显成效，1935年生产和销售煤炭100万吨，实现盈利100万元。1936年生产销售煤炭150万吨，盈利150万元，中福公司由此迅速成为全国煤炭产量和销量第三的煤矿。[①]1937年1月，翁文灏和孙越崎分别当选和被任命为中福公司董事长和总经理。抗战全面爆发后，孙越崎克服各种困难，从1937年年底到1938年年初，把中福公司设备器材4000多吨，运到武汉、湘潭，后又辗转运到四川，成为抗战时期唯一内迁的大型煤矿[②]。1938年内迁的中福公司与天府煤矿公司、北川铁路公司合并组成大后方最大的煤矿——天府矿业股份有限

① 薛毅：《工矿泰斗孙越崎》，中国文史出版社，1997年，第55页。

② 薛毅：《国民政府资源委员会研究》，社会科学文献出版社，2005年，第203-206页。

公司，卢作孚任董事长，孙越崎任总经理。[1]

井下电绞车房

煤车把煤倒进煤仓

① 《四川经济：产业：一月来之实业：七、天府煤矿可供开采三十年》，《四川经济月刊》1938年第6期。

比较说来，天府的设备要算后方最好的了，有许多小矿，因为煤层不厚，洞打得很小很低，也无所谓通风排水设备，工人爬进爬出，躺在里面作工，那种苦更不是一般人所能想象得到的，在天府，除了还是用人工挖煤外，照明通风排水起煤都用了电和机械。这里有一个电力厂，发电量是350 kVA，供给全矿各处照明，推动各处抽风机抽水机和绞车的电动机，若是生了故障而须修理时，马上开动另外三部125 kVA的来代替。[①]

芦厂山顶上的40马力抽风机

① 东海:《重庆活力的源泉——天府煤矿》,《科学时代》1947年第2卷第3期。

在地底下300英尺的130马力电动抽水机

“工业区”是指北碚丰富的储藏能源与星罗棋布的厂矿企业给人叹为观止的印象。实际上人们在来到北碚时，就注意到北碚本身蕴藏着丰富的煤矿资源，再加上战争的刺激，实际上已经“在四处建立了星罗棋布的工业据点”[①]。而这些林立的工厂，居然还存在着数量上百的女工，“豆大的汗珠从脸流到颈……他们还是毫不在乎的拨弄着”，这体现了北碚相对开明的社会风貌与国家危机下人人出力的情况，也使得学者们不禁感叹“抗战以来最对得起国家的是这些骆驼般的士兵和农工”[②]。也有人在来到北碚，参观完本地工厂，

① 《陪都郊外的新市场——北碚》，《通讯》（旬刊）1940年第26期。

② 董镜桂：《特写陪都》，青年图书社，1944年，第109页。

同时听闻北碚被省府划为工业区后，高呼北碚定将成为“东方利物浦”[①]。有学者专门研究北碚的煤矿资源，认为“四川的煤矿以江巴为最著”，而“江巴煤矿在合川与重庆间……煤窑甚多”，接着该学者讲到江巴煤矿“现由河南中福公司等合作扩充天府煤矿公司，以二百万元之资本，对江北白庙子一带之煤矿从事大规模开采”，最后，学者不忘再呼吁“自抗战以来，北碚重庆之间已成工业区域，本区煤矿实有增产之必要”[②]。另有人撰文介绍江合煤矿与江巴煤田，前者储量居四川之首，由江合公司与北川公司一同开采，有轻便铁道自龙王洞运至嘉陵江边的观音峡，运销于北碚的厂矿间，故此一带，被该人称为“新中国之工业中心”；后者由中福公司与天府煤矿合作，设备较为现代，因此日产较高，也被该人称为“新中国之煤业中心”[③]。北碚未走规模和集约式的工业化建设之路，而行分散式建设，还无形中成为一种标杆，“川省工业建设促进方法似不宜偏重一区，而宜分散于全省各部，使全省各区域都能达到经济繁荣之目的。此次外省迁川之五六十家工厂，不设于重庆市区附近，而以北碚为中心，即为避免集中之表现”[④]。

① 漆保邦：《北碚之行》，《重庆校刊（半月刊）》1938年第25期。
② 蒋君章：《西南经济地理》，商务印书馆，1945年，第171–172页。
③ 蒋冬白：《新四川》，青年书店，1940年，第35页。
④ 李华飞：《战时经济问题研究》，战路文化社，1938年，第297页。

萍乡式炼焦煤全景

战时内迁到重庆的工业企业多达450家，占西南、西北工业企业数量的三分之一，尤其是嘉陵江下游一带为重要工业区域，燃料需求量极大，如果煤炭不能及时供应，就使得工业脱节，直接影响工业的发展。天府煤矿为电力、运输、纺织工业部门提供了其所需要燃料的半数以上，如民生公司、重庆电力公司，裕华、豫丰等纱厂等这些用户每月用煤量在数千吨以上。[①]正是丰富的煤炭燃料供应使得这些工业企业发展突飞猛进。北碚煤炭的开采对重庆的经济建设作出了不可磨灭的贡献。

六、战时后方最大的科学中心

全面抗战爆发后，随着北碚成为战时首都重要的迁建区，全国各类政府机关、科研机构、教育机构及各类文化机构一时云集北碚，中国的科教文卫事业重新在北碚生根发芽

① 程宗阳:《四年来之天府煤矿》,《驿运月刊》1942年复刊。

并开出璀璨的花朵，使得北碚成为战时后方科技文化的“诺亚方舟”。在人们的砥砺奋斗之下，中华文化之魂不仅得以保存，而且教育、文艺、传媒等各项事业都有新的开拓与探索，为战后重建积累了宝贵的北碚经验。

1930年成立的中国西部科学院，是中国近代历史上在西部地区建立的最早的综合性科学研究机构，也是民国时期成立的中国为数不多的几家民办科研单位之一。1928年，卢作孚等人建立嘉陵江科学馆的设想，是中国西部科学院创建的起点。其后，经过卢作孚等人的不懈努力，组织科学调查和采集，拟定科学院计划大纲，建立“中国西部科学院筹备处”，使得中国西部科学院终于建立并逐步完善。[①]

北碚中国西部科学院(《工作月刊》1936年第1卷第1期)

中国西部科学院成立后，即依据其“研究实用科学，辅助中国西部经济文化事业之发展”的办院宗旨，利用社会各界的捐款和卢作孚开办企业得到的部分资金，依托所辖的四个

① 潘洵：《中国西部科学院创建的缘起与经过》，《中国科技史杂志》2005年第1期。

研究所，重点进行应用科学的研究，以作为西部各地开发资源的实际参考。

在生物研究方面，他们一方面派人分赴四川、云南、贵州、西康、甘肃、宁夏、青海等地采集植物和昆虫标本，另一方面又参加中国科学社、北平静生生物调查所、中瑞新甘考察团、芝加哥博物馆等团体的采集活动，共采集有植物标本5万余种，昆虫标本3万余种，动物标本2200余种。此外，他们还与国内外各研究机关进行广泛的交换与合作，先后与德国伯士纳博物馆、俄国博物馆，捷克、斯拉夫、爱尔特昆虫者交换昆虫标本若干种，与中国科学社、中央研究院、中山陵园、广东中山大学、南京金陵大学、中央大学、北平静生生物调查所交换植物标本数十种。中国的第一例大熊猫标本，也是由中国西部科学院制作完成的，迄今仍存于北碚重庆自然博物馆。[①]

在理化地质研究方面，该院成立后，不顾自身条件的简陋，积极开展工作。在成立后的短短三年间即搜集嘉陵江及川东、川鄂边境各地煤矿石160余种，其他矿石140余种，化验确定煤矿石153种，巴县石油沟石油1种，江北县北川铁路锅炉水1种，文星镇水泥原料3种，璧山温泉峡温泉1种。嗣后又相继发现了雷马屏峨地区的煤矿、铁矿和有色金属矿，发现了綦江、南川间的煤铁矿，发现了北碚到华莹的新煤矿区，发现了中梁山煤田和古蔺煤田，并分赴川中各地进行地质矿产的调查研究。1936年，该院对宁属七县地质矿产的调查，无意中发现了攀枝花的奥秘，从此之后，攀枝花便载

① 唐润明：《镌刻在档案中的中国西部科学院》，《档案与史学》2004年第6期。

入了中国地质矿产史册。

中国西部科学院的这些实践活动，不仅为川中各地的开发和建设提供了借鉴和参考，而且也为全面抗战时期中国西部各业的开发创造了条件。全面抗战时期著名的兵工企业某钢铁厂迁建委员会之所以选址于大渡口，也是与该院已调查清楚的南桐丰富的煤矿、綦江丰富的铁矿分不开的。

在农林研究方面，该院自成立后，即积极进行稻种的改良与推广，先后设农场、畜牧场，并曾试种中、美棉两年，以作产品的对比观察和研究；用两年的时间进行意大利鸡与中国鸡的分别饲养，以分析对比其优劣；同时进行猪、牛、羊饲料的研制，意大利蜂的试养，风景行道树（法国梧桐）和各种果树（美国葡萄及柑、橘、橙、苹果）的培植，西瓜籽的改良，各种农作物种子的选育、购买以及气候的观测和发布，等等，尽最大努力为广大农民的生产生活服务。①

在进行实际调查、研究的同时，该院也进行着理论的研究和总结，到1939年总共发表了《四川造纸木材之初步调查》《四川植物采集记》《实验胎生学之研究方法》《四川鱼类目录》《峨嵋县之白腊业》《昆虫之采集与制作》《嘉陵江三峡岩石之用途》《北平鸭之杂交实验》《西山坪农场三年来养猪经过》《观音米之化验》《宁属七县地址矿产》《四川省叙南六县及永宁一带地质矿产调查简报》《四川叠溪地震调查报告》《江巴富泸间地质矿产调查简报》《四川东北部地质矿产调查简报》《四川盐源金矿概况》《犍为沫溪炼焦厂考察报

① 唐润明:《镌刻在档案中的中国西部科学院》,《档案与史学》2004年第6期。

告》《重庆附近河水之研究》《重庆南、北温泉之分析》《四川油页岩蒸馏试验报告》《五倍子研究第一次报告》《川东双巫一带地质调查报告》《松潘之沙金矿》等实用性研究考察报告，为各调查地各项资源的认识和开发，奠定了基础，创造了条件。①

在重视调查研究的基础上，中国西部科学院还将“科研”与“爱国”紧密地结合起来，自始至终高举“科学救国”的旗帜，把科研工作与社会实际相结合。他们除完成自身工作任务外，还经常接受各机关、部队、厂矿、学校委托的化验任务，先后为国民政府军事委员会委员长重庆行营、四川省政府及所属各县政府、重庆大学、民生公司、中国工程师学会四川考察团以及有关厂商承担过化验和分析任务。全面抗战开始后，又进行大量的矿物燃料、原料的分析研究，为各工厂兵工产品的生产及大后方的资源开发提供科研保障。该院农林研究所所属的气象测候部，接受中央研究院气象研究所的委托，代该所逐日观测记录气候。每日抄送天气预报，以便该所绘制天气图，供防空设计参考。全面抗战爆发、国民政府迁都重庆后，沿海地区的科研学术机构，也纷纷内迁。卢作孚不仅为这些机构和人员的运输减免船费，而且还以中国西部科学院的所有设备、仪器、图书、标本乃至房屋，帮助、支持这些内迁的科研机构，竭诚欢迎他们到北碚安家落户，使他们能在颠沛流离、辗转迁徙之后，尽快地恢复工作，从而在战火纷飞的抗战时期，保留了中国科技界

① 唐润明：《镌刻在档案中的中国西部科学院》，《档案与史学》2004年第6期。

的一丝元气，并使之得以继续发展下去。[①]

中国西部科学博物馆开馆典礼合影

1943 年 7 月，中国科学社等六个学术团体在重庆北碚举行年会，共同发起在北碚筹备自然科学博物馆。同年 12 月，中国西部科学院会同迁碚的十二个国内顶级学术研究机关，推翁文灏、卢作孚为正副主任委员，组成筹备委员会。经一年筹备，1944 年 12 月 25 日，中国西部科学博物馆正式成立并于次日开馆。中国西部科学博物馆的宗旨为推广科学教育、提倡专门科学研究。这是中国人创办的第一家综合性自然科学类博物馆。[②]

1937 年全面抗战爆发后，日本的侵略打乱了中国社会发展的步伐，中国的科学文化教育事业陷入困境之中，大批

① 唐润明：《镌刻在档案中的中国西部科学院》，《档案与史学》2004 年第 6 期。
② 侯江：《中国人创办的第一家综合性自然科学博物馆——中国西部博物馆》，《自然科学博物馆研究》2019 年第 2 期。

学术科研机构西迁重庆，而这些学术科研机关的西迁为西部带来了新的发展机遇。

“抗战期间，国内公私学术机关迁来北碚者达二十余单位，多借用科学院房屋，利用其各种设备，以继续各自的研究工作。科学院予以最大协助，并与之密切合作”[①]，建立了共同发展、相互帮助的良好关系。中国科学社迁往北碚的运输、联络、房屋等诸多事宜离不开民生公司与中国西部科学院的帮助[②]；中央工业实验所、航空会油料研究所、清华大学无线电研究所真空管制造部、清华大学航空研究所、实业部地质调查所等学术科研机构来碚，中国西部科学院为它们提供办公地点[③]；中国西部科学院为中央研究院动植物研究所西迁“运书八十七箱”[④]；中央研究院气象研究所迁碚，卢作孚专门致信有关人员给予帮助[⑤]……

1940年，卢作孚认为各地科学家入川是前所未有的事情，机会难得，于是向翁文灏提出集中科学人才，开发地方

---

① 高孟先：《卢作孚与北碚建设》，载中国人民政治协商会议全国委员会文史资料研究委员会编《文史资料选辑》第74辑，文史资料出版社，1982年，第91页。

② 1937年9月5日，卢作孚专门致宋师度函：“中国科学社迁往北碚，在渝转运及与北碚联络转信转电诸事，盼嘱公司同人特予扶助。”几天后又致函宋师度：“请告北碚科学院为酌让房屋并一切帮助”（参见黄立人主编《卢作孚书信集》，四川人民出版社，2003年，第590-591页。）

③ 详见《中央化学工业社十日可抵碚》，《嘉陵江日报》1937年12月1日。

《实业部地质调查所将迁来峡》，《嘉陵江日报》1938年1月9日。

《航空会油料研究所迁移科学院内》，《嘉陵江日报》1938年1月10日。

《清大航空研究所将迁来碚》，《嘉陵江日报》1938年1月27日。

黄立人：《卢作孚书信集》，四川人民出版社，2003年，第618页等。

④ 黄立人：《卢作孚书信集》，四川人民出版社，2003年，第665页。

⑤ 黄立人：《卢作孚书信集》，四川人民出版社，2003年，第376页。

富源的计划。1943年夏，以普及科学文化知识为己任的中国科学社等六家重要学术机关在北碚召开联合年会，会议期间共同举办了一次大规模的科学展览。会后，各机关商议在北碚成立联合陈列所，几次讨论后达成要联合创建一座专门博物馆集中保存展示标本的共识，主要参加机关有中央研究院动植物研究所、气象研究所、经济部中央地质调查所、中央工业试验所、矿冶研究所、农林部中央农业实验所、中央林业实验所、中央畜牧实验所、中国科学社生物研究所、江苏医学院、中国地理研究所及中国西部科学研究院共十二个科研院所。①

1943年10月14日，卢作孚再次邀请各学术机关负责人会商，基于“科学教育亟待普及，学术研究尤待发扬”的观点，与会者决定由各机关代表组成以翁文灏担任主任委员、卢作孚担任副主任委员的博物馆筹备委员会主持博物馆筹备工作。两个月后在中国西部科学院召开第一次博物馆筹备委员会会议，议定陈列部门，计分工矿、农林、生物、地质、医药卫生以及气象地理六馆，由各学术机关负责设计布置，陈列物品除由各发起机关供给外，还洽商工矿事业等各方面捐赠。陈列地点，即利用中国西部科学院惠宇楼，将一、二层设计装修为陈列室，共28间。②中国西部科学博物馆的创建正式提上日程。

① 《中国西部科学的新苗床——记北碚科学博物馆的成立及中国科学社的三十周年》，《民主与科学》1945年第1期。

② 中国西部博物馆编印《中国西部博物馆概况》，1947年，第1–19页。

经过一年的筹备，中国西部科学博物馆于1944年12月25日正式开馆。“开馆礼启门之际，正面为一巨型中国球面模型地图，将使每一个参观者面对锦绣河山，认识我们富源无穷，知道我们需要科学，我们需要科学家。”[①]当日出席开馆典礼的贵宾多达500余人，重庆政界、学界及实业界的重要人士几乎悉数到场。

中国西部科学博物馆于1945年7月改名为“北碚科学博物馆”，1946年更名为“中国西部博物馆”。馆内设工矿、农林、生物、地质、医药卫生、气象地理六个陈列馆，开馆时陈列品为13503件，到1949年时已达112761件。[②]

工矿馆分为工业部门与矿业部门两部分。工业部门由中央工业试验所设计布置，由中央工业试验所、矿冶研究所、全国度量衡局等19家单位参与陈列。主要展出后方重要工业的图表、样品、模型以展示工业原料的成分、制造方法以及成品的种类。工矿馆内将若干工业历年来的发展情况和轻工业的未来发展计划结合图片展示给普通民众。矿业部门由天府煤矿设计布置，将天府煤矿的地面设备、井下工程全部用模型加以展示并附各种各样的说明。

农林馆是由农业、林业和畜牧兽医三部分组成。农业部门的陈列室由农林部中央农业实验所设计布置，共四间，分为粮食作物、纤维作物、油料作物、糖类作物、园艺作物、肥

① 《中国西部科学的新苗床——记北碚科学博物馆的成立及中国科学社的三十周年》，《民主与科学》1945年第1期。

② 施白南：《介绍中国西部博物馆》，《北碚月刊》1949年第1-2期。

料、病虫害、经济昆虫和农业经济九类的图表、标本、模型、绘画等。林业部门由中央林业实验所设计布置，对造林保护、林产利用及林业调查推广均有简要说明，向民众宣传林业的重要性。畜牧兽医部门是由中央畜牧实验所设计制作，包括各种重要家畜的品种和解剖模型以及使用中央畜牧实验所历年搜集之资料编制的各种统计图表。

生物馆分为植物部门和动物部门两部分。植物部门的标本，是中国西部科学院历年调查采集所得，由中国科学社生物研究所及中央研究院植物研究所协同整理，分类陈列，井然有序。动物部门的陈列品均为中国西部科学院所藏，由中央研究院动物研究所整理，并有大幅油画及图表。陈列品包括脊椎动物及无脊椎动物两部分，包括鸟类标本、兽类爬虫类标本、鱼类标本及昆虫标本等。

地质馆由中央地质调查所设计布置、四川省地质调查所及中国西部科学院共同展示的陈列馆。全部标本模型图表绘画，主要由中央地质调查所捐赠，陈列主要分为矿物岩石、地层古生物、脊椎动物化石、土壤四个陈列室。矿物岩石室陈列各种矿物岩石标本及图表，地层古生物室陈列全国各地地层及生物标本，脊椎动物化石室陈列许氏禄丰龙及北京人模型，土壤室陈列中国各省土壤标本及中国土壤图表。

医药卫生馆由江苏医学院设计布置，分为解剖学、生理学、药理学、卫生学、病理学、细菌学和寄生虫学七部分，不但有标本模型，还配图表进行解释说明。

气象地理馆由气象和地理两部分构成。气象部门由中央研究院气象研究所设计布置，悬挂有气象图表，总说明图等；地理部门由中国地理研究所及中央地质调查所设计布置，存有一件二百万分之一的中国地形浮雕。①

中国西部科学博物馆开馆后，筹备委员会任务完成，于是推举翁文灏、卢作孚等13人为理事组成理事会主持博物馆运营，选聘李乐元为馆长主持馆务，理事会下设委员会。"理事会每年开常会一次，如有必要时，由常务理事会召开临时会。理事会开会以过半数理事出席为有效。决议案以出席过半数可行之可否。同数时则取决于理事长。常务理事会每四个月开会一次。如有必要时，由理事长召集临时会。理事任期为四年，期满改选可连选连任。理事会指定理事负责管理本馆基金。"中国西部科学博物馆第一届理事会理事长翁文灏，常务理事张群、孙越崎、何北衡、卢作孚，理事朱家骅、杨森、吴鼎昌、张嘉璈、任鸿隽、钱永铭、吴晋航、范锐。有资格成为理事会成员的均为"热心提倡科学研究及博物馆事业者"或"捐巨资发展本馆事业者"或"从事于专门科学研究之特具成绩者"。②

理事会下设设计委员会，选拔标准为"学术研究机关团体之主持人"或"各科专门学者"或"有助于本馆教育工作及研究工作之推进者。"③中国西部科学博物馆第一届设计委员会设计委员有中央地质调查所的李春昱（主任委员），中

① 各馆情况均总结自《北碚科学博物馆概略》（1945年7月10日），重庆市档案馆，档案号：00810010000350000024000。

② 中国西部博物馆编印《中国西部博物馆概况》，1947年，第2-3、20-21页。

③ 中国西部博物馆编印《中国西部博物馆概况》，1947年，第22页。

央研究院动物研究所的王家楫(副主任委员)、伍献文,中央研究院植物研究所的裴鉴、罗宗洛,中央研究院气象研究所的赵九章,中国科学社生物研究所的钱崇澍、卢于道,矿冶研究所的朱玉仑,中央工业试验所的顾毓瑔,北平工业试验所的顾毓珍,农林部中央农业实验所的沈宗瀚、谢家声,中央林业实验所的朱惠方,中央标准局的向贤德,中国地理研究所的李承三,四川省地质调查所的常隆庆,天津商品检验局的李尔康,国立江苏医学院的洪式闾、胡定安,国立北平师范学院的黄国璋,上海商品检验局的蔡无忌,中国西部科学博物馆的馆长李乐元在设计委员会中担任秘书。设计委员会的主要职能为推广本馆教育效能与发扬研究工作。[①]

七、日军四次轰炸北碚

随着国民政府迁都重庆,重庆战略地位迅速提升,成为中国的战时首都和大后方政治、经济、军事和文化中心。1938年下半年,武汉、广州相继沦陷,中国却“毫无动摇之迹象”,日本方面深感“解决事变的希望毫无头绪可寻”,[②]与此同时,日本亦无力发动大规模的地面进攻。为了迫使国民政府屈服,摧毁中国抗战大后方基地,动摇大后方民众的抵抗意志,最终达到以炸迫降的目的,日本决定集中其陆海军航空队的优势兵力,对重庆及其周边区域进行轰炸,史称“重

① 中国西部博物馆编印《中国西部博物馆概况》,1947年,第22页。

② 防卫厅防卫研修所战史室:《战史丛书(74):中国方面陆军航空作战》,第77、81页。

庆大轰炸”。其中以1939年至1941年这三年的轰炸最为猛烈，在1939年的“五三”“五四”大轰炸中，侵华日军航空队对重庆老城区上半城和下半城的商业、住宅、人口密集区域进行重点轰炸。据不完全统计，轰炸共造成4572人死亡，3637人受伤，创造了人类战争史上空中轰炸死伤人数的新纪录，也是整个重庆大轰炸期间轰炸直接致死人数最多的一次。[①]在此后的两年中，日军先后对以重庆为中心的大后方实施了“101号作战”“601号作战”和“102号作战”三次大规模航空作战[②]，对重庆市区及周边区域内的中国的机场、工厂、政府机构、学校、医院等目标进行了不区分军事目标与非军事目标的轰炸，造成了巨大的平民伤亡和财产损失。[③]太平洋战争爆发后，日本战略重心的转移，也导致了轰炸战略策略的调整，与此前的轰炸相比，此一阶段的轰炸主要是配合其太平洋战场及南进战略，阻止盟军对其实施反轰炸，对中国城乡的轰炸主要是“策应为主”，希望借此既能弥补其地面进攻强度的不足，也能继续维持其恐怖、震慑行为，进而有助于瓦解中国军民的抗战意志。

侵华日军对北碚的轰炸集中在1940年，先后共四次，给北碚人民带来了惨重的灾难。日军对北碚的轰炸，是日本无差别轰炸罪行的重要组成部分，更是日本军国主义侵

① 潘洵等：《抗日战争时期重庆大轰炸研究》，商务印书馆，2013年，第109-177页。

② 前田哲男：《从重庆通往伦敦、东京、广岛的道路——二战时期的战略大轰炸》，中华书局，2007年，第96页。

③ 洪桂己：《日本在华暴行录》，国史馆，1985年，第739页。

略战争的血腥罪证之一。

1940年5月27日,日军飞机对北碚的第一次轰炸。此次日军27架飞机,飞至嘉陵江下游一带,盘旋于北碚上空,投下炸弹百余枚,多落于北碚体育场、嘉陵江边、黄桷镇一带,顿时北碚城弹片飞溅,大火蔓延。[①]据统计,日机第一次轰炸北碚,造成居民受灾者55户,损失约190594元(法币);营业受灾户23家,损失约68340元(法币);被炸死101人,重伤68人,轻伤58人。[②]死者之中就有复旦大学孙寒冰教授。[③]

1940年6月24日,日军飞机对北碚发动了第二次轰炸。敌机27架,飞越缙云山后,即降入低空,开始投弹,并用机枪扫射。[④]金刚碑、水岚垭、鱼塘湾、毛背沱以及北碚市区等先后中弹。敌机还在江边投下燃烧弹数枚。轰炸引发大小火头27股,整个北碚瞬间陷入弹雨火海中。整个这次轰炸,造成居民受灾者216户,损失约262417元(法币);营业受灾户114户,损失约291800元(法币);其他包括政府机关、学校、工厂和医院等机构损失171250元(法币);被炸死44人,重伤16人,轻伤12人。[⑤]

---

① 王培树:《北碚三次被炸的损害及救济情况》,《北碚月刊》1940年第3卷第5期。

② 王培树:《北碚三次被炸的损害及救济情况》,《北碚月刊》1940年第3卷第5期。

③ 梁实秋:《梁实秋作品 旧时月》,北方文艺出版社,2018年,第99页。

④《又是一重血债:敌机二十七架,前日于碚郊投弹》,《嘉陵江日报》1940年6月26日。

⑤ 王培树:《北碚三次被炸的损害及救济情况》,《北碚月刊》1940年第3卷第5期。

1940年7月31日，日军飞机对北碚进行了第三次轰炸。中午12点45分，日军36架飞机越过缙云山后，直下低飞，在北碚上空投弹30余枚。[①]此次日机轰炸，“南京路的五月书店，中国文化服务社，公安队第三派出所等地被炸中，损失最大的是国立重庆师范体育科，其门前被日机投下的一枚硫黄弹击中，大火殃及皇后照相馆、建国书店、亚洲饭店等，财产房屋在大火中都被烧毁。此外，北新书店隔壁中一弹，国民兵团独立分队中一弹，房屋垮塌，破片乱飞，加上日军用机关枪进行扫射，该处防空洞口死伤数人。”[②]据统计，日军对北碚实施的第三次轰炸，造成居民受灾54家，损失约65650元（法币）；营业户受灾33家，损失约303763元（法币）；其他损失共计204351元（法币）；被炸死27人，重伤25人，轻伤39人。[③]

1940年10月10日，北碚遭受日军的第4次轰炸。11点时40分，敌机27架，分三批，从西山坪、温泉公园方向飞来，飞机距地面仅三百余公尺，空气震动，竹木啸摇，机上敌人清晰可见。第一批敌机在黄桷镇投下轻重爆炸弹、烧夷弹三十余枚。第二、三批在北碚投下烧夷弹二十余枚，爆炸弹五十余枚，总计投弹一百余枚。区署周围中弹二十余枚，职员宿舍中一烧夷弹。区署、电力房以及大明染织工厂均被炸弹

① 王培树：《北碚三次被炸的损害及救济情况》，《北碚月刊》1940年第3卷第5期。

② 《仇人仇上仇：昨敌机第三次袭碚，投弹廿余枚多落郊野损失尚微》，《嘉陵江日报》1940年8月1日。

③ 王培树：《北碚三次被炸的损害及救济情况》，《北碚月刊》1940年第3卷第5期。

炸毁。还有多枚烧夷弹落在河岸边,未被延烧。[1]

面对日机的疯狂轰炸,为减少人员伤亡和财产损失,北碚区署机关迅速应对。第一,积极组织成立起防护机构,加强反空袭斗争的领导;第二,扩大防空宣传教育,增强民众的防空意识;第三,大力修建防空设施,以此抵御日机轰炸;第四,切实组织防空救济,减少发生社会问题。

在轰炸面前,北碚军民发扬不屈不挠、愈炸愈勇的精神,经过全区人民的共同努力,北碚的防空体系逐步建立起来,并且在应对轰炸的过程中,也让日军实施轰炸的丑恶目标未能达成。

① 《附载:二十九年双十节北碚第四次被炸灾情》,《北碚月刊》1940年第3卷第6期。

第五章 川东重镇

1949年12月2日，北碚和平解放，党和政府随即开展对北碚的接管和建立地方人民政权的工作。1950年1月1日，川东人民行政公署奉中央人民政府令于重庆南岸黄桷椏成立，1952年2月移驻北碚，同年9月1日撤销。在此期间，北碚一跃而成为省级政权机构川东行署的驻地。在党的过渡时期总路线的指引下，北碚区胜利完成社会主义三大改造和第一个五年计划建设，工农业生产都取得了相当大的进步，文化教育事业也得到了较快的发展，人民生活显著改善，社会主义深入人心。1956年到1966年，尤其是之后的“文革”期间，尽管北碚的经济建设和各项事业遭受了挫折，但是在“调整、巩固、充实、提高”的方针指引下，在广大人民群众的共同努力下，尤其在三线建设的帮助下，北碚的工业建设再次腾飞，进入了自抗日战争结束以后的又一个大发展时期。

一、和平解放与顺利接管

1949年11月底，随着中国人民解放军迅速解放大西南，北碚的新生已是指日可待。由于北碚地下党基础较好，北碚很快也实现和平解放，党和政府便着手对当地国民党政权进行接管和改造，由此拉开了人民新政权建设新阶段的帷幕。

卢子英(左)与其兄卢作孚

解放前，北碚的地方政府是由按照一等县设置的北碚管理局治理，隶属四川省政府领导，并受四川省第三区行政督察专员公署监督。自1942年北碚管理局成立后，一直由爱国民族实业家卢作孚先生的弟弟卢子英担任管理局局长。当时的北碚管理局管辖朝阳镇、黄桷镇、澄江镇和龙凤乡、金刚乡、文星乡、白庙乡、二岩乡共8个乡镇，各乡镇分设若干个保甲。全管理局共124个保，1425个甲，总户数21256户，总人口107574人，其中男61932人，女45642人。辖区面积159平方公里。[①]1949年11月，由刘伯承、邓小平率领的中国人民解放军第二野战军以摧枯拉朽之势向西南胜利进军，重庆的解放指日可待。此时担任国民政府重庆卫戍司令的杨森却负隅顽抗，企图进行最后的挣扎。杨森纠集附近18个县，组建了共计14个师的"反共保民军"。其中，仅巴县就组建了两个师约2000人。除此之外，当时北碚还有民兵自卫队1485人，警察以及厂警、矿警等400余人，他们都由北碚管理局局长卢子英领导。[②]

1949年11月，巴县的两个师"反共保民军"转移至歇马场一带。由于这里的地下党有较好的群众基础，中共璧山特支所属的歇马场党支部书记程朝箴和北碚乡村建设学院的地下党员康廷方一起，对歇马场附近的"反共保民军"进行策反，经过双方的谈判后，对方同意解除武装，实行和平解

① 杨鸿漳：《北碚解放初期行政区划与机构设置的变迁》，载中国人民政治协商会议重庆市北碚区委员会文史资料委员会编《北碚文史资料》第六辑，1994年，第107页。

② 邝忠炽，张德瞻：《北碚和平解放》，载中国人民政治协商会议重庆市北碚区委员会文史资料委员会编《北碚文史资料》第六辑，1994年，第88页。

放。[1]此外，对于北碚管理局局长卢子英，中共地下党组织也进行了较长期的争取和团结工作。1949年早些时候，川康党组织沙磁区领导小组就曾先后派遣地下党员李惠春、王烈等人到北碚加强对卢子英的统战工作，使卢子英很快就认识到了解放战争必然胜利的形势。11月下旬，王烈与卢子英就如何迎接解放的问题顺利达成协议。为此，卢子英成立了“应变委员会”，内设警卫、宣传和接待三个组。警卫组负责保卫北碚，维护社会治安，防止国民党军队搞破坏；宣传组负责安广播、写标语，消除一些人对共产党的误解；接待组主要是应对国民党溃军过境，对其有接有送，使其不扰乱地方。[2]

1949年12月2日，中国人民解放军先头部队到达巴县青木关，九十四团政治部主任李长清等人随即到歇马场接受“反共保民军”两个师的缴械投诚。当日下午，三营营长高登基率两车解放军到达北碚，在天生桥受到卢子英等人的热烈欢迎。下午4时，解放军进入北碚市街，上万工人、农民、学生、市民上街欢迎。卢子英率领北碚民众自卫大队和警察武装在民众会堂前列队缴械投诚，北碚正式宣告和平解放。[3]

① 喻晓晴：《迎接解放，搞好接管》，载中共重庆市北碚区委党史工作委员会编《北碚的解放与接管》，1989年，第155页。

② 刘康：《对卢子英进行统战工作，争取北碚和平解放》，载中共重庆市北碚区委党史工作委员会编《北碚的解放与接管》，1989年，第166页。

③ 中共重庆市北碚区委党史研究室：《中共北碚地方党史大事记（1925—1993）》，内部发行，1997年，第33页。

北碚各界人士到天生桥迎接解放军，图为高登基营长（右四）、卢子英（右五）、罗中典（左一穿长袍者）

北碚的和平解放，响应了各地和平解放的潮流和模式，尤其使得嘉陵江畔这一艘“诺亚方舟”免于战火，北碚各处的文化和古迹遗址都完整地保存了下来，北碚地方人民的生命财产同样免遭战争损害，这一切为下一步北碚顺利实现接管和改造以及恢复生产等各项工作提供了坚实有力的保证。

伴随北碚的顺利解放，接管工作很快被提上日程。在北碚解放后的第八天，1949年12月10日，中国人民解放军重庆市军事管制委员会北碚分会正式成立，王公杰任主任，张种玉任副主任。北碚军管分会下设武装部、公安部、财经接管部和文教接管部。17日，随着老区同志和地下党同志会师大会的顺利举行，北碚随即进入了如火如荼的全面接管和改造阶段。[①]在新的地方政权系统尚未建立及社会形势初步

① 徐非迟：《迎接解放、配合接管中的学运工作回顾》，载中共重庆市北碚区委党史工作委员会编《北碚的解放与接管》，1989年，第177页。

稳定之前,北碚的一切事务暂由军管分会负责。

首先,成立领导班子,解决干部不足的问题。北碚军管分会成立后,立即着手接管北碚的工作,采取“先管后接,了解情况,宣传政策,准备力量,稳步前进”的方针。领导干部实行分工责任制,王公杰负责党务,兼顾农会、工运工作;张种玉负责行政、财经工作;林琳、王尚三、熊芳举分别负责文教、公安、武装系统的接管工作。①

搭建领导班子并非难事,但是要搭建一套从上到下行事雷厉风行,办事一丝不苟,最终如身使臂、如臂使指的领导班子,在当时百废待兴的环境下,却难于登天。这是因为,军管分会成立初期,老区来的干部较少,西南服务团干部大部分尚在途中,干部缺口相当之大。没有中枢大脑,身体便不能动弹,又如何搞生产建设?为了解决这项急需,北碚军管分会先后抽调70多名地下党员和地下社员脱产参加工作。1949年底至1950年初,西南服务团203名干部陆续到达北碚。此外,军管分会还举办了行政干部训练班,对从社会上新吸收的208名干部进行为期48天的培训,先后有162名学员分配了工作,充实了接管和建政的力量。②终于解决了北碚新生之初,干部严重不足的困境。

其次,整顿社会治安,建立革命秩序。解放初,重庆还暗藏着大批国民党官僚和特务人员,国民党为此特意布置了潜

---

①《北碚的解放与接管综述》,载中共重庆市北碚区委党史工作委员会编《北碚的解放与接管》,1989年,第10页。

②《北碚的解放与接管综述》,载中共重庆市北碚区委党史工作委员会编《北碚的解放与接管》,1989年,第11页。

伏计划，并将囚禁的盗窃惯匪全部释放，加之散兵游勇流窜街头，给社会治安带来很大的侵扰。因此，军管分会成立的第二天，公安部、武装部即联合召开了治安工作会议，部署加强治安管理和整顿社会秩序的工作。12月12日，北碚军管分会颁发《关于收缴非法武器和电台时间和地点的通告》，先后收缴敌特步枪、手枪30支，子弹379发，电话机、收音机4部。16日，重庆市军管会发出《关于取缔国民党、三青团、青年党、民社党等非法反动组织》和《关于解散中统局、军统局、国防部二厅等特务组织》的布告后，公安部设立了自首登记处，先后自首登记的特务和反动党团骨干等共154名，其中外地潜来者占70%以上。①

为了剿匪反霸，进一步安定社会秩序，北碚还着手建立了一支2245人的人民武装自卫队，组织民兵在交通要道和边界地区设立岗哨，进行防范。当时，北碚近邻璧山县转龙乡的刘崇高纠合匪徒130余人，武器100余件企图暴乱，被自卫队发觉，并配合驻军包围搜捕，生擒43人，缴获全部武器。2月中下旬，金刚乡与澄江镇交界处，匪首陈安国等5人先后3次冒充解放军抢劫群众，合川匪首童少钦等化装后到天府煤矿抢劫，二岩乡、龙凤乡与巴县交界处也发生了抢劫案件。经公安机关侦查，武装部和民众自卫队积极配合，全区破获抢劫案19起，捉获土匪42名，另有9名土匪自首。至此

① 《北碚的解放与接管综述》，载中共重庆市北碚区委党史工作委员会编《北碚的解放与接管》，1989年，第12页。

北碚的匪患基本清除。[1]

最后，整顿金融，平抑粮价，安定人民生活。解放初期，货币极为混乱，银元券、银元和人民币同时流通，人民币仅处于辅币地位，并出现金融投机活动，给资金周转和市场流通造成困难。为使财政金融走上正常轨道，重庆市军管会发出了关于将人民币作为市场流通唯一合法币制的布告，军管分会随即于12月11日宣布银元券作废。当然，为使持有银元券的劳动群众不受损失，政府支持人民限期将银元券兑换成人民币。1950年1月12日，市军管会公布了西南军政委员会颁发的《西南区金银管理暂行办法》，正式禁止银元流通，取缔银元黑市交易。随后，北碚立即成立"禁止银元委员会"，组织1500名大中学生成立30个宣传队，在城乡广泛宣传。至此，银元停止流通，人民币稳步占领市场，金融秩序逐渐恢复，人民生活日益安定，这为北碚经济的恢复和发展创造了条件。[2]

为保障军需民用，1950年1月中旬，北碚军管分会召开会议部署征粮工作。为使群众合理负担，并且切实照顾贫苦农民，军管分会规定赋额不足起征点者免征，大户（指地主）加征。经广泛宣传，计算到户后，在10天内即完成了181万余市斤粮食的入库任务。然而，春节前，由于少数粮食投机

---

① 邝忠炽：《北碚解放初期整顿社会治安、恢复经济、稳定人民生活抓的几件事》，载中国人民政治协商会议重庆市北碚区委员会文史资料委员会编《北碚文史资料》第六辑，1994年，第118页。

② 邝忠炽：《北碚解放初期整顿社会治安、恢复经济、稳定人民生活抓的几件事》，载中国人民政治协商会议重庆市北碚区委员会文史资料委员会编《北碚文史资料》第六辑，1994年，第122页。

商操纵，北碚又出现粮食供应紧张，粮价上涨和抢购的现象。有鉴于此，军管分会积极组织相关部门向市场抛售粮食，同时财经接管部全体干部上街设点售粮，价格公平合理，保证了市场供应，打击了投机倒把活动。[①]

北碚的实际接管工作从1950年1月7日正式开始，由原各单位的负责人完成各项清册，并在交接双方到场的情况下进行清点、交接。由于当时全国大部分地区已经解放，广大群众感受到了万象更新的新中国面貌，都具有很高的政治热情，旧机构中的大多数人也愿意为新中国的建设事业贡献力量。另外，北碚和平解放使得文书档案保存较为完整，这为接管工作提供了重要资料。因此，接管工作在北碚地方领导干部的大力推动下，进展可谓突飞猛进，到1950年2月，基本完成对各行各业的接管和整顿。

另外，值得一提的是，在此期间，1950年1月5日，根据中共重庆市委常委会的决定，北碚党组织名称正式确定为“重庆市委北碚分委会”，由王公杰负责；行政机关名称为“重庆市人民政府北碚行政管理处”，由张种玉负责。[②]同年2月1日，北碚行政管理处发出第一号布告，宣布西南军政委员会刘伯承主席令：原北碚管理局划归重庆市人民政府领导，并改为重庆市人民政府北碚行政管理处，任命张种玉为

① 《北碚的解放与接管综述》，载中共重庆市北碚区委党史工作委员会编《北碚的解放与接管》，1989年，第13页。

② 杨鸿漳：《北碚解放初期行政区划与机构设置的变迁》，载中国人民政治协商会议重庆市北碚区委员会文史资料委员会编《北碚文史资料》第六辑，1994年，第108页。

该管理处主任。按照市委常委的决定，在管理处下分设民政、财粮、建设、文教、劳动五科。北碚行政管理处的成立，标志着北碚人民政府正式诞生，这也意味着旧政权在法理上的彻底消亡。

二、川东行署的移驻

解放初，四川省的建制撤销，四川地区被划分为川南、川北、川西和川东四个行署区和重庆市及西康省。行署区的最高党政机关为区党委和行政公署。其中，川西行署驻成都市，川北行署驻南充市，川南行署驻泸州市，西康省府驻雅安市。1950年1月1日，川东人民行政公署奉中央人民政府令于重庆南岸黄桷垭成立，简称“川东行署”。3月18日，中央人民政府任命阎红彦为行署主任，8月27日任命魏思文、余际唐为副主任。9月，行署召开第一次行政会议，正式组成川东行署委员会，开始领导川东行署工作。

阎红彦

1951年川东行署行政区划表[①]

全行署区管辖	5专区 2县市 33县
区直辖行政单位	万县市 北碚市

① 中华人民共和国民政部:《中华人民共和国县级以上行政区划沿革》第三卷，测绘出版社，1988年，第527页。

续表

江津专区（江津县）	江津县（白沙镇）璧山县（城中镇）合川县（东北镇）江北县（水土镇）綦江县（古南镇）永川县（城关镇）荣昌县（昌元镇）大足县（城关镇）铜梁县（巴川镇）
大竹专区（大竹县）	大竹县（城关镇）梁山县（城关区）垫江县（桂阳镇）邻水县（鼎屏区）广安县（城乡镇）渠县（城关镇）
万县专区（万县市）	万县（沙河镇）开县（城关镇）城口县（新城镇）巫溪县（城厢镇）云阳县（中心镇）奉节县（城关镇）巫山县（城关镇）忠县（城关镇）
涪陵专区（涪陵县）	涪陵县（城关镇）长寿县（城关镇）丰都县（城关镇）石柱县（城关镇）彭水县（汉葭镇）武隆县（巷口镇）南川县（隆化镇）
酉阳专区（酉阳县）	酉阳县（钟多镇）秀山县（中和镇）黔江县（联合镇）

与此同时，这一时期的北碚行政管理处成为隶属于重庆市人民政府的八个区之一。1950年4月，重庆市人民政府决定，将重庆旧辖的十九个区（包括北碚），按照居民特点、地理交通条件及工作需要调整合并为八个区，北碚为重庆市第八区。川东行署成立后不久，1951年11月1日，内务部批准撤销北碚行政管理处，成立北碚市人民政府，由川东人民行政公署直辖，张种玉任市长。11月3日，中共北碚工作委员会改为中共北碚市委员会，仍由王公杰任书记。此时的北碚由重庆市的一个区变为川东行署的直辖县级市。而到了1952年2月，川东行署受命移驻北碚后，北碚一跃而成为省级政权机构川东行署的驻地，成为北碚自建制以来行政区划级别的最高点。[①]

① 重庆市北碚区地方志编纂委员会：《重庆市北碚区志》，科学技术文献出版社重庆分社，1989年，第19页。

川东行署旧址

但是很快，到了1952年9月，随着四川省人民政府的成立，川东、川南、川西、川北四个行署被撤销，北碚再次被划归重庆管辖。9月27日，西南军政委员会决定，正式将川东行署所辖的北碚市划归重庆市领导。1953年3月13日，内务部致函重庆市人民政府，同意北碚市撤销，改为重庆市第六区。1955年10月，根据国务院关于市辖区按地名称呼的规定，重庆市第六区更名为“重庆市北碚区”。此后虽行政管辖范围有所变化，但北碚区的行政地位和行政名称均未发生大的改变。

在西南局的领导下，阎红彦主持行署工作，开展了一系列的斗争，进行了清匪、反霸、镇反、减租、退押、土改，这些措施使川东很快得到了治理，出现了社会安定、生产发展、人民安居乐业的欣欣向荣、蓬勃向上的局面。[1]更为关键的

① 毕兴，贺安华：《阎红彦传略：1909—1967》，四川人民出版社，1987年，第165页。

是,阎红彦作风民主,平易近人,从不摆官架子。他豁达大度、开朗随和、待人真诚。因此,受到了干部群众的衷心爱戴。

有一次阎红彦和明朗(川东行署宣传部部长)因对一具体工作意见产生分歧,发生了争执,以致双方情绪都有些激动。阎红彦一时失口,斥责明朗的说法是“放屁”,明朗当时实在忍受不了,他抑制住自己的情绪,把理由一五一十地重述了一遍,然后没轻没重地质问阎红彦:“究竟是我在放屁,还是你这个主任在放屁?!”当时在场的人都愣住了。阎红彦气得两眼直瞪着他,一言不发。事后,别的同志都批评明朗说:“你太过分了!红彦同志脱口而出,固然不对,你怎么能这样对待一位领导同志?”明朗也感到自己太狂妄、太不应该了,产生了后怕,担心今后的日子不好过。没有想到第二天,阎红彦来找明朗,一见面就说:“昨天是我失言,伤害了你,向你认错。”明朗感动得不知所措,愧悔得无地自容,也向他作了检讨。阎红彦安慰说:“不要因为顶撞了我在思想上背包袱,既然是在一块儿工作,就难免有牙齿碰舌头的时候。”以后,明朗一直和他在一起工作,事实证明,阎红彦对他的使用、信任,和对待其他同志一样,没有受到任何影响。过了多年,明朗见了阎红彦提及此事,阎红彦哈哈大笑,他早就忘到九霄云外了。[1]

---

① 毕兴,贺安华:《阎红彦传略:1909—1967》,四川人民出版社,1987年,第168-169页。

三、重庆高等院校的“双子星”

北碚历来重视文教，也是重庆重要的文化区。早在20世纪20年代，北碚就开始修建体育场、图书馆、民众学校并创办报刊。抗战时期，复旦大学、江苏医学院、中央研究院动植物研究所、中央地质调查所、农林部中央农业实验所等一大批大专院校和科研单位迁来北碚，也带动了北碚地方政府和地方人士兴办学校的热情。他们在北碚创办了多所学校，比如国立重庆师范学校、勉仁书院、相辉学院、私立育才学校、私立勉仁中学、私立力行中学等。解放后，北碚的教育事业继续快速发展，逐步建立起了一个包括幼儿教育、普通教育、高等教育和成人教育的较为完整的教育体系。全国重点大学，原西南师范大学和原西南农业大学两颗“双子星”落户北碚即是北碚重视文教、兴学育才的明证。

西南师范大学成立于1950年10月12日，由原国立女子师范学院与四川省立教育学院（简称“川教院”）合并而成。建校初期，校址在沙坪坝的磁器口。但是，由两所大学组建而来的西南师范学院，学校不是没校舍，而是校舍分散，不利于办学，且原川教院旧址过于狭窄，且毗邻磁器口市街，没有发展的余地。[①]时任中共西南局第一书记的邓小平认为，“要把好地方拿来办教育”。在邓小平同志的关怀下，中共中央西南局和西南军政委员会决定，将原川东行署这片风

① 周顺之：《西南师范大学为什么从沙坪坝迁至北碚》，载中国人民政治协商会议重庆市北碚区委员会文史资料委员会编《北碚文史资料》第七辑，1995年，第88、89页。

景优美的土地划给西南师范学院。因此，从1952年10月10日开始，西南师范学院正式在北碚新校址办学。

9月的重庆，暑气还没被季节的凉风扇退。清晨，我们搭乘运送教具的轮船从九龙坡出发，经朝天门两江交汇处，溯嘉陵江逶迤北上。当船泊北碚江边时，已是繁星点点了。江边的渔火被墨色的水波扭成长长短短星星点点的碎片，桨不划，橹不摇，但听流水轻轻拍着船板。我们几位负责押运教学器材的年轻人在船头伫望，大家都不说话，但心里却在一遍遍地想，西南师范学院的新家，是什么样子？北碚我们从来没去过，半个月前，听说学校要北迁的消息后，大家就一直在想这个问题。大家实在想象不出西南师范学院新校址的样子，难免有些忧心忡忡。然而从沙坪坝由陆路先行一步到北碚的师生已经发现，西南师范学院新的家，在缙云山下，校园面积大，占地数千亩；绿树新楼，景色美极了……[1]

与此同时，由于新中国成立前，西南地区的农业学科高等教育基础薄弱，系科设置分散，不利于培养专门的农业人才。在此背景下，1950年5月，四川省立教育学院农科三系教职员曾向第一届全国高等教育会议建议改设独立农学院。11月27日，教育部批复同意将四川省立教育学院的农科三系与私立相辉文法学院农艺系及其专修科和私立华西协合大学农艺系合并成立西南农学院，校址就设在北碚相辉学院夏坝原址。四川省立教育学院的农科三系的师生及其设备图

① 邓力：《那时·那人·那些事儿：西南大学漫话96则》，四川大学出版社，2012年，第241页。

书等都迁到相辉学院旧址，西南农学院正式建立。可以说，两所高校几乎在同一时间，在北碚各自开启了新的发展历程。

1951年5月15日西南师范学院外语系四年级师生合影，一排左五为吴宓

许多英才汇聚于这两所学校，吴宓先生就是其中一位。1949年，他谢绝友人邀他去美国等地讲学的劝告，决心留在祖国，遂来到重庆。新中国成立后任西南师范学院中文系、历史系、外文系教授达20余年，先后开设了“英国小说”“欧洲文学史”“世界文学”“中国古典文学”“世界古代史”等课程。1956年春，吴宓先生将多年珍藏的1000余册西文图书（其中有不少是早已绝版的珍本）全部捐赠给西南师范学院图书馆。他还常常将自己工资的大部分用于资助有困难的教师和学生，这里至今流传着他“大方与吝啬”的趣事。

新中国成立后，吴宓在西南师范学院任教，是二级教授，月薪272.5元，在校内可谓“高薪阶层”。但他一贯节衣缩食、自奉极廉，而对待别人却古道热肠、扶贫济困，经常将工资送给向他求助的学生、同事。他的这种“乱花钱”有时让同事感到难以理解。“文革”后期，西南师范学院有一位女教师编织了一双毛线袜子，送给孤苦伶仃的吴宓，吴宓便给了那位女教师100元钱。有人对吴宓说：“一双袜子值多少钱？你给得太多了。”吴宓答道：“多乎哉？不多也。我是把袜子的成本费、劳务费，还有无价的感情都算在里面的，我给她的并不算多。”然而吴宓有时又“吝啬”得不近人情。一次，中文系一位教师向吴宓借了五元钱，说明一周内归还。一周过去了，却没有来还。吴宓于是找上门去，向他讨还了欠款。那位教师很不高兴，遇到人就说：“吴宓是个小气鬼，借他五元钱还好意思上门来讨。”这话传到吴宓耳朵里，吴宓向人解释说：“我不是为了五元钱，我是在帮助他提高道德修养。”①

葡萄（苏葆桢 作）

著名国画家苏葆桢是西南师范学院美术系的教授。他擅长写意花鸟画，笔力苍劲，设色秀丽，生动清新，在继承传

① 陈凤玲：《清华名人的人生智慧》，安徽科学技术出版社，2014年，第146页。

统技法的基础上吸收西画色彩的表现方法，增强了视觉效果，具有个人风貌。尤其是他画的水墨葡萄，极富质感，有“苏葡萄”的美誉，他的作品有《葡萄》《牡丹》《玉兰八哥》等。新中国成立不久，西南区要举行画展，他接受了邀请，但是，画什么呢？他心潮澎湃，思绪万千，于是铺开纸，握起笔，饱蘸彩墨，画出一团团玉润珠光、丰盛充盈的葡萄来表达他热爱新中国的心情。这幅画也被选入《现代中国画》中出版。①

西南农学院的侯光炯先生是我国著名的土壤学家和教育家，我国土壤学的开拓者和奠基人之一，中国科学院院士，一级教授。他于1917年就学于南通甲种农业学校，后因家贫辍学，在校当棉花栽培试验练习生，1923年入南通大学农科，次年考入北平大学农学院农化系，1928年毕业任校图书馆管理员，后任助教。1931年任中央地质调查所土壤研究室调查员，后任主任技师。1942年起，兼任国立重庆大学、国立中央大学、川北大学教授。1946年任四川农业改进所技正，兼四川大学农学院、铭贤学院教授。1948年任国立四川大学农学院教授，讲授土壤肥料学、土壤化学、土壤地理学等课程。1952年起任西南农学院教授。1952年，他通过调查研究，收集了大量的农业土壤资料，提出了“农业土壤”的新观点，在

侯光炯

① 卢仁琪：《记著名国画家苏葆桢》，载中国人民政治协商会议重庆市北碚区委员会文史资料委员会编《北碚文史资料》第七辑，1995年，第150页。

《土壤学报》上发表文章，创立了农业土壤的研究方法，为我国农业土壤学的发展奠定了坚实的基础。

西南大学侯光炯纪念馆

1957年，侯光炯带领土壤研究室部分同志奔赴云南、贵州考察，完成了云南、贵州土壤区划资料两册。在野外工作期间，侯光炯以身作则，不畏艰辛，在西双版纳气温高达40℃的热带雨林中，他总是亲自下到土壤剖面坑内，观察讲解。在酷热难当的情况下，为防旱蚂蟥的侵袭，大家还得穿上长袖长裤，扎紧袖口裤脚，这样就更是热上加热了。考察之余，侯光炯常应邀给当地干部、农民讲课。有一次在云南河口讲课时，有同志提醒侯光炯火车要开了。正在专心讲课的他想也没想过他们要乘的是火车，而火车是不等人的，顺口就说快去招呼一下，让火车等一等，课还没讲完呢！等侯光炯把课讲完，火车早已开走了。当时没有客车，侯光炯和大伙儿只好一起乘闷罐货车转点。事后同志们摆谈起这些趣闻轶事，无不为侯光炯教授这种传播土壤学知识的忘我执着精神所感动！①

西南师范学院和西南农学院的英才还有很多，囿于篇幅，本书仅举此三例。

四、凯歌行进的社会主义改造

1953—1966年，是北碚的社会主义改造和社会主义建设的时期。1953年，在党的过渡时期总路线的指引下，北碚区社会主义三大改造和第一个五年计划建设顺利进行，生产上升，市场繁荣，人民生活显著改善，社会主义深入人心。1956—1966年，受"左"倾错误的影响，北碚的社会主义建设遭遇挫折。但在20世纪60年代中期，随着国民经济的逐步调整和三线建设的展开，北碚又迎来了一个新的历史发展时期。

北碚解放后，军管分会即派干部接管了各乡镇政权，着手进行农村的社会改造工作。在军管分会的领导下，从1950年5月份开始，北碚地方党和政府首先对农会普遍进行了整顿，清除了不纯分子，发展了一批新会员。到6月止，全区计有80个保农民协会，会员13611人，其中男9629人、女3982人。农会经过整顿以后，建立了自己的威信，旧保甲制度实际上已被废除，所谓先破后立，既然旧有糟粕已经打碎，此时的农民群众感到自己当家作主的急迫。遂从7月开始，地方党组织密切联系群众，同时发动群众讨论，并根据

① 邓力：《那时·那人·那些事儿：西南大学漫话96则》，四川大学出版社，2012年，第19-20页。

人口和地理条件，划村编组，全区建立起80个村政权。[1]至此，农村基层政权由旧保甲转移到了农民手中，逐步建立了农村的秩序，为农村进行系统社会改造准备了队伍。

1951年1月10日，北碚土地改革委员会成立，开始了轰轰烈烈的土地改革运动(简称“土改”)。北碚区的土改分为前后两个阶段。第一阶段为1951年1月至3月。土地改革是依照政务院《城市郊区土地改革条例》和《重庆市郊区土地改革实施办法》进行的。首先是宣传有关土地改革政策，发动群众和培训干部。区委开办了土改训练班，组织区和乡村干部460人，大中学生94人，民主人士15人学习。接着组织土改工作队，深入乡村开展划阶级成分，没收、征收地主、富农土地和生产资料。1951年2月，巴县第四区划归北碚后，又于6月开始进行了第二阶段土地改革。第二阶段土改包括蔡家、井口、同兴、歇马、凤凰、中梁、兴隆、青木8个乡113个村，到10月份基本结束。

经过土改，农民分得了土地，焕发出对农业生产前所未有的积极性。不仅如此，北碚农村中还出现了以农会小组为基础，以换工生产为主要形式的共同劳动。这种临时性和季节性的换工互助，有效地克服了许多农民在分散经营中所发生的耕牛、农具、资金、劳力不足等困难。到1954年底，合作社的粮食总产量比1953年增加4.3%，其中水稻增加2.91%，

① 邝忠炽:《北碚农村土地改革运动简述》，载中国人民政治协商会议重庆市北碚区委员会文史资料委员会编《北碚文史资料》第六辑，1994年，第131-132页。

小麦增加了11.49%，苞谷增加11.1%，红苕增加15%。[1]到1955年底，全区建立311个初级农业生产合作社，入社农户23572户，占总农户的84.19%。1955年11月19日，区委对全区初级社转高级社的工作做了部署。1956年，通过并社、扩社、升社等工作，年终全区有高级农业生产合作社93个，入社农户27478户，占总农户的97.38%，粮食总产突破5万吨大关，农副业总产值比1955年增长9.1%。1956年全区高级农业生产合作社总收入846万元。

总之，土地改革有力调动了广大农民的生产积极性，同时在党的引导下，从1951年上半年起，在土地改革结束的地方，生产互助合作又开始兴起，这两项运动互为依托，基本消灭了北碚的地主剥削制度和封建势力，北碚农村出现了从未有过的朝气蓬勃的气象。

1952年5月4日青年节的头一天，中国新民主主义青年团西南工作委员会在重庆西南铁路局礼堂，表扬10个西南区的优秀团员。当主席报告了农村团员张莉蓉的模范事迹后，全场一千多位代表都热烈鼓掌表达敬意。这一年，张莉蓉19岁，可是她已经成为北碚市有名的劳动能手和党的模范宣传员。

在北碚市金刚乡土地改革完成后，张莉蓉在团结村首先响应政府组织起来的号召，天天出去宣传互助组的好处。张莉蓉有空就到左邻右舍的农民家里去，一面帮助妇女做活，

① 《重庆市第六区人民政府一九五四年工作情况及今后工作任务》，重庆市第六区第一届人民代表大会第二次会议秘书处印，1954年第3页。

一面鼓励妇女参加生产。在她的努力下,村里的互助组建成了,大大提高了粮食产量。互助组的组员每七天读报两次,从来没有间断过。她还团结和教育老年农民,做防旱抗旱的先锋,组织全村投入抗旱保苗运动。秋收前的评比运动,在团结村是比生产、比技术、比爱国、比学习。土地改革结束时,团结村党的宣传队就由张莉蓉负责。群众对宣传队的反映很好,他们说:"怕耽误我们的生产,不要我们跑路开会,一家大小都听到了许多新东西。"村上自办的农民业余学校,有学生一百多人,校长是张莉蓉。在学校教育下,村里的农民政治觉悟提高了,二十几天,慢的也认得四五百字。在张莉蓉的帮助下,村里的许多青年加入了青年团。[①]

工业方面,由于国民党溃退时对重庆的破坏,致使解放后一些工厂不能及时恢复生产,或开工不足,商业流通不畅,尤其煤炭滞销,对北碚的影响极大。经济的萎缩,使部分工人失业,其中码头搬运工人、煤矿工人和部分城市贫民的生活发生严重困难。军管分会除在春节前后拨出专粮专款进行救济外,主要帮助工矿企业恢复和发展生产。政府为扶持工商业克服困难,渡过难关,用了贷款、加工、订货、收购成品等办法,在1950年1月至9月,通过各个渠道对北碚的工矿企业贷款92.5亿多元,收购煤炭34812吨,布3000匹,订购大明布13620匹、蚊帐布2500匹以及各种药品合计

① 中国新民主主义青年团、西南工作委员会宣传部编《优秀团员张莉蓉》,西南青年出版社,1952年,第1-30页。

2.3亿多元,小麦加工483215斤。[①]

由于生产不景气,一些工矿企业产品滞销,经营歇业、停业、减薪、裁员,劳资纠纷突出,1950年2月至9月,军管分会受理劳资纠纷案93件。根据市军管会以及全国总工会颁布的文件精神,本着劳资两利原则,既教育资方老老实实向工人摆困难,尽可能解决工人的问题,又教育工人照顾大局,看到长远利益,团结资方共同克服困难渡过难关,并在这基础上逐步建立劳资协商会议,签订各行业的劳资合同。

为促使工矿企业尽快恢复和发展生产,军管分会帮助各工厂实行以销定产,精简人员,对多余人员进行妥善安排。即转业参加修筑成渝铁路的836人,返乡参加生产的4809人,转到其他工厂的159人,参加革大学习和调入行政事业单位的63人。5至6月,还进行了两次失业工人登记,第一次675名,第二次251人,共计926人。截至1950年10月止,除重庆市失业工人救济处直接通知了一部分到公安学校学习外,区有关部门分别介绍了395人参加北碚市政建设,修筑成渝铁路,到行政单位工作或返乡生产,使58%以上的失业工人及时走上了工作岗位。[②]

除此之外,此一时期北碚兴建了北碚玻璃厂、北碚面粉厂等一批地方国营企业;天府煤矿、大明染织工厂等私营企

① 张种玉:《北碚行政管理处十个月来的工作及今后工作任务(1950年11月1日)》,载中共重庆市北碚区委党史工作委员会编《北碚的解放与接管》,1989年,第58页。

② 邝忠炽:《北碚解放初期整顿社会治安、恢复经济、稳定人民生活抓的几件事》,载中国人民政治协商会议重庆市北碚区委员会文史资料委员会编《北碚文史资料》第六辑,1994年,第124页。

业实现了公私合营。尤其在全行业公私合营之后，由于生产关系发生了根本变化，职工的生产热情大大提高，私方人员的积极性也得到了充分提高，因而在生产、经营上出现了不同程度的新气象。工业产值提高了，大部分产品质量也有改进。复兴隆、大祥煤矿及碗厂、群力陶器厂等四单位合营后产量比合营前提高了20%—33%，碗厂废品率由15%降到6%，群力陶器厂由25%降到15%。[①]

1941年秋，上海新亚药厂将部分设备和人员迁到北碚北温泉公园小游泳池临嘉陵江边的一个角落里，办起了一个小厂——上海新亚药厂华西分厂，采用四川当地产的蔗糖作原料，在酒精中用盐酸水解，又在酒精中反复结晶，制成注射用的葡萄糖。虽然成本较高，却部分解决了抗战后方葡萄糖针剂的供应，开创了我国不依靠进口原料生产葡萄糖注射液的先例。1949年，这个仅有职工35人，简陋设备12台，还基本属于手工作坊的小厂里，年产量为460公斤葡萄糖，并全部制成了注射液。1949年末，重庆的解放，以及1950年朝鲜战争的爆发，给大新药厂带来了极大的发展机遇。

1950年10月25日，中国人民志愿军开赴朝鲜前线，与朝鲜人民军并肩作战，抗击美国侵略者，全国范围内掀起了轰轰烈烈的抗美援朝保家卫国运动。1950年11月，川东人民行政公署卫生厅（以下简称"川东卫生厅"）杨朝宗厅长来

① 《重庆市北碚区人民委员会1954年至1956年工作情况及今后工作任务的报告》，重庆市北碚区第二届人民代表大会第一次会议秘书处印，1956年，第5页。

到大新药厂，向全体职工宣讲了当前的形势和任务，并组织董事会成员学习《共同纲领》。经川东卫生厅批准，1951年元旦，私营大新化学制药厂与川东卫生厅实行公私合营。川东卫生厅投资22万元，原私营资产核资18万元，分别占股额的55%和45%，合营后更名为公私合营川东大新化学制药股份有限公司，简称大新药厂，隶属川东卫生厅管辖。经川东人民行政公署主任阎红彦批准，任命夏彬为公私合营后的第一任厂长。5月，首任公方代表朱国政也到厂参加企业管理。

大新药厂公私合营后，由于增加了22万元国家投资，决定扩大东阳新厂建设规模，生产能力由原设计月产葡萄糖1吨增加到3吨，并增建淀粉工场等生产设施。1951年10月正式迁至东阳，11月，月产3吨葡萄糖运动结晶设备安装试车成功，川东行署主任阎红彦也亲临祝贺。从此，大新药厂走上了开拓前进，飞速发展的道路。①

在三大改造的过程中，北碚的老字号“北泉挂面”也通过走集体化的道路摆脱了生产困境，进而逐步实现机械化、规模化和现代化。1928年前后，北温泉一家手工面作坊出现奇迹，生产出一种雪白如银，纤细如丝，中心空通，回锅不泥，风味独特的手工挂面。它一应市，小小作坊便顾客盈门。抗战时期，黄炎培在吟赞北温泉时就有“香面条条韭叶抽”的诗句。

① 周顺之：《大新药厂是怎样成为西南首家公私合营企业的》，载中国人民政治协商会议重庆市北碚区委员会文史资料委员会编《北碚文史资料》第七辑，1995年，第33页。

缙云山脚下的北泉面厂

但是在1950年至1951年下半年，北泉挂面却一度出现了滞销。当时，八家挂面作坊的从业人员虽有三四十人，手工面制作案板也只有十七八张，但因生产极不正常，北泉面月产只有五六千斤，全年总产量还不足七万斤。国家通过扩大加工、订货等措施，从1952年初起，北泉挂面又开始复苏。1954年，北碚八家生产挂面的作坊组织起来，成立了北泉制面生产合作社，走上了集体化的道路；1956年，社会主义改造高潮到来，北泉制面生产合作社又并入北碚区粮食公司，改称北泉制面厂。从此，北泉挂面生产得到恢复和发展，北泉挂面年产量每年都在20万斤以上，且质量也有显著提高，还由市外贸公司委托中国粮油公司湖北进口公司组织出口，远销到新加坡和印度尼西亚等地，享有很好的声誉。[①]

① 向道坤：《漫话北泉银丝面》，载中国人民政治协商会议重庆市北碚区委员会文史资料委员会编《北碚文史资料》第9辑，1997年，第57、61页。

在市政工程和公用事业方面，这一时期修建和改建了中山路、人民路、和平路菜市场及毛背沱至金刚碑等的道路基建工程，完成了沿江公路和渝南公路北碚段的修建工程，增设了北碚至黄桷码头轮渡，整修了明暗沟300余米；同时完成了北碚公园的扩建和改建工程，并开始修建北碚俱乐部和天生街道托儿所。①

五、三线建设中的工矿内迁

20世纪60年代初期，国际局势日趋紧张。为了应对复杂的国际政治局势以及可能发生的大规模军事冲突，逐步实现我国生产能力布局由东向西的转移，中共中央作出了“备战备荒”建设“大三线”的重大战略决策。北碚地处嘉陵江畔，地理位置优越，工业基础较为雄厚，在重庆三线建设中发挥了重要作用。当时上海、南京、无锡、抚顺等市一批仪器、仪表、电器、动力机械企业和科研机关内迁来北碚，相继在歇马、澄江、东阳等地建成红岩机器厂、四川热工仪表总厂、四川灯具厂等31个大、中、小型骨干企业和科研机构，构成了科研与生产，整机厂与配泵厂紧密结合的新兴工业门类。在此背景下，北碚的工业和城市建设迎来了新机遇，进入了又一个大发展时期。

---

①《重庆市北碚区人民委员会1954年至1956年工作情况及今后工作任务的报告》，重庆市北碚区第二届人民代表大会第一次会议秘书处印，1956年，第6页。

(一)仅用40天就完成搬迁的浦陵机器厂

浦陵机器厂原来是上海生产小型汽油发动机的一个工厂——上海动力机厂,原有400多名职工、370多台设备。1964年11月部分搬到北碚歇马的磨滩大石盘,利用原来下马的玻璃厂改建,改名为浦陵机器厂。浦陵机器厂是三线建设时期最先迁入重庆的企业,不仅揭开了机械行业三线建设的序幕,而且创造了历史上有名的"浦陵经验",得到党和国家领导人的高度评价。

1964年10月29日,重庆市委在批准迁建任务书后,立即召开会议,讨论决定了1964年底完成迁建,1965年元月投产的进度,拟定了集中力量打歼灭战的方案。于11月1日成立了指挥部,组织了1200多人的施工队伍(加上人民公社的民工,近2000人),在三四天之内就全部集中起来,11月2日施工队伍即进入现场,11月4日就开始了设计和施工。浦陵机器厂的基建工程,实行联合作战,取消了甲乙方的老制度。设计、施工、土建、安装、交通运输以及物资供应、银行拨款等,不分甲、乙、丙方,不分哪个部门,一切由指挥部统一指挥,统一调度。①

不仅如此,在设计施工过程中,项目组根据迁建项目的特点,采取了设计人员、施工工人、领导干部相结合的群众路线的设计方法,各个工种互相结合,平行作业,一次做出施工图。同时采取了设计同勘察、施工相结合的办法。这种

① 中华人民共和国国家经济贸易委员会:《中国工业五十年》第四部(1961—1965)下卷,中国经济出版社,2000年,第1806页。

设计方法，大大加快了设计速度，25个设计人员，只用了9天时间，就完成了9个专业、35个项目、169张图纸的全部工艺、土建和公用设计。[①]在机器的拆装方面，此次搬迁也有新的尝试。对于256台设备的搬迁，采取先绘制安装平面图，机器部件都编号，机器零件一运到新址，立即对号入座，迅速安装的办法，从拆卸、运输到全部安装完毕，只用了十八天时间，十分高效。[②]更难能可贵的是，在迁建过程中，浦陵机器厂还十分注意处理好建设工业与帮助发展当地农业的关系，根据西南三线建委筹备小组提出的“四不三要”的原则，建厂时未拆一间民房，未搬一户农民，工厂还在不增加投资的情况下，适当加大蓄水池、变电站的容量，帮助附近农村的两个生产大队解决了用电、用水问题，可灌溉稻田400多亩，除机电排灌、农副产品加工用电外，还帮助附近20多个农户装上电灯，受到当地农民的欢迎。[③]

在整个搬迁过程中，最为复杂的是工人们的思想，比如有的人留恋上海，不愿意与亲属分开，怕到重庆水土不服，怕不让带家属，怕降低工资和福利待遇（上海工资类别比重庆高）等。对此，上海市委高度重视，专门成立了由八机部和上海市有关部门组成的工作组，认真进行思想教育。整个动员工作分四步进行：“第一步开总支扩大会（除总支委员

---

① 中华人民共和国国家经济贸易委员会：《中国工业五十年》第四部（1961—1965）下卷，中国经济出版社，2000年，第1807页。

②《当代中国的四川》编辑委员会：《当代中国的四川（上）》，当代中国出版社，2009年，第108页。

③《当代中国的四川》编辑委员会：《当代中国的四川（上）》，当代中国出版社，2009年，第108-109页。

外，支部书记、党员科长、车间主任都参加)；第二步对全体党员进行动员；第三步对全体共青团员、积极分子进行动员；第四步对全体职工进行动员。同时，从始至终以阶级教育为纲，大讲大议搬迁意义和工人阶级应当抱的正确态度，特别是学习毛主席的‘纪念白求恩’的文章。采取发动群众讲意义、谈认识、议办法和运用大会讲、小会议、个别谈、树标兵等方法，进行动员教育。”[①]经过动员学习，工人们普遍提高了阶级觉悟，上述顾虑也很快消除，顺利地搬来北碚。

北碚歇马浦陵机器厂旧址

从土建开工到全面投产只用了两个月，浦陵机器厂的成功经验成为内迁企业的先进榜样，被西南三线建委作为典型，向整个西南三线内迁企业推广。[②]1964年12月，西南三

① 中华人民共和国国家经济贸易委员会：《中国工业五十年》第四部(1961—1965)下卷，中国经济出版社，2000年，第1807页。
② 张勇：《三线建设移民的内迁、去留与身份认同——以重庆地区移民为重点》，载代发君主编《三线人的社会生活与文化认同》，上海大学出版社，2021年，第389页。

线建委筹备小组总结推广浦陵机器厂的经验后，重庆常规兵器基地的建设进度进一步加快，绝大部分配套项目，原计划3年完成，均提前一年于1966年底已基本完成。[1]实施效果可见一斑。

不仅如此，浦陵机器厂的搬迁经验在当时还得到了党和国家领导人的高度评价。1965年9月，周总理利用外事活动的空余时间专门听取了时任重庆市委书记处书记鲁大东关于三线建设情况的汇报。在汇报中，鲁大东着重汇报了重庆用“打歼灭战”的办法，组织人力物力集中会战，仅用47天就完成了浦陵机器厂从上海迁到重庆北碚的经验。周总理听得很仔细，并根据“浦陵经验”作出重要批示：大三线建设关系到党和国家的前途命运，必须抓紧，就是要集中力量“打歼灭战”，这是同帝国主义抢时间的问题。[2]更值得一提的是，浦陵机器厂投产当月就超额完成了生产计划，而且产品质量达到了上海的水平。原计划投资140万元，实际只用了107万元。对此，彭德怀也非常赞赏，他说：“如果我们三线建设的其他工厂，也能像浦陵机器厂这样精心组织建设、生产，就会大大加快三线建设的速度，毛主席就会放心地睡好觉了。”[3]时任三线建设委员会副主任的程子华也曾用“解剖麻雀”来盛赞浦陵机器厂的大搬迁：“从上海搬迁一个小

---

①《当代四川》丛书编辑部：《当代四川的工人阶级和工会运动》，四川人民出版社，1991年，第129页。

② 田姝：《重庆地区三线建设回眸》，载倪同正主编《三线风云：中国三线建设文选》，四川人民出版社，2013年，第63-64页。

③ 王春才：《元帅的最后岁月——彭德怀在三线》，四川人民出版社，1998年，第66-67页。

厂——浦陵机器厂，取得了打歼灭战的经验；它是搬迁厂，有代表性，取得经验后，可以指导一般。虽然是个小战役，但起到了‘解剖麻雀’的作用，在很多方面丰富了我们对三线建设的认识。”[①]

（二）“打歼灭战”的又一典型——红岩机器厂

红岩机器厂原为无锡动力机械厂。1965年，按照国家三线建设部署，无锡动力机械厂和洛阳拖拉机配件厂大部分设备和人员迁至北碚歇马，利用北碚钢铁厂旧址，投资1848万元兴建了新的红岩机器厂。从无锡搬迁设备440台，新增357台，内迁职工1494人。另从洛阳拖拉机配件厂迁来339人。红岩机器厂是继浦陵机器厂后“打歼灭战”的又一典型。

红岩机器厂大门

在浦陵机器厂“打歼灭战”试点取得初步经验后，三线建设各重点建设单位普遍取消了甲乙方承包制度，建立了由建

① 程子华：《程子华回忆录》，中央文献出版社，2015年，第309页。

设、施工、设计等单位和当地党委组成的现场党委，在其领导下进一步设立了现场指挥部和政治部。一般由建设单位负责同志担任党委书记，施工单位负责同志担任指挥长，实行统一领导，集中指挥，分工负责，协同作战。①红岩机器厂在迁建时建立了中共现场委员会和现场指挥部，统一领导搬迁工程现场施工。工程进度快，质量也较好。从1965年2月开始动工，于10月份便建成投产。同年10月开始生产6250型柴油机，填补了四川省生产中速、大中功率柴油机的空白。

红岩机器厂工程的施工，还充分体现了勤俭办企业的方针。设计和施工因地制宜，因陋就简，充分利用原有房屋材料改进利用。用旧房作暂设工程，用小混凝土梁作垫枋，用矿渣代修围墙，用三节脱模加快模板周转，用钢夹具代替支撑，用原有地下钢管和旧铁件等节约木材271立方米。②

由于建设、设计和施工单位紧密配合，仅8个月时间，就建成了8.42万余平方米项目并顺利投产。重庆市建委在现场召开经验交流会，学习推广其施工管理经验，并编成话剧《红岩赞歌》，在重庆市演出。③1966年2月，西南三线建委召开建设工作会议，总结推广了红岩机器厂经验，要求各三线建设单位都建立中共现场委员会和指挥部，实行统一指挥。

---

① 中共重庆市委党史研究室：《中国共产党重庆历史 第二卷（1949—1978）》，重庆出版社，2016年，第286页。

② 中国建筑第七工程局：《中国建筑第七工程局志：1955—1995》，中国建筑工业出版社，2001年，第173页。

③ 中国建筑第七工程局：《中国建筑第七工程局志：1955—1995》，中国建筑工业出版社，2001年，第173页。

（三）现代北碚工业和城市建设的奠基

20世纪60年代中期，随着东部地区大中型国营企业的迁碚，为了给大工业配套，解决街道闲散劳动力，重庆市还专门成立了工业配套局，同时要求各区县成立相应机构，发展街道工业，安置城镇闲散劳动力，动员家庭妇女走向社会。当时提出的口号是：备战备荒为人民，组织街道劳动力为市场需要服务，为大工业配套服务，为外贸出口服务，为农业生产服务。并明确指出街道工业的性质是“低工资”“高风格”的新型社会主义集体企业。根据重庆市的要求，北碚区街道工作办公室报请中共北碚区委决定，于1965年11月在北碚区人民委员会设置街道工业科，负责街道工业的组建和发展。①

可以说，众多外地企业的内迁，促进了工业产品的扩散和技术的转让，带动了北碚校办企业、乡办企业、街道办企业及区属工业的兴起，极大地增强了北碚的工业实力。与此同时，三线建设也进一步改善了北碚的工业结构布局，北碚由此形成了以仪器仪表、民用机械、玻璃建材、化工工业为骨干，轻纺工业相应发展，门类较齐全的工业生产体系。根据《重庆市北碚区志》的统计，从1965年到1976年，连同街道工业和大中型国营企业在内，北碚的各类工业企业共有118家。详见下表：

① 王福增、杨鸿漳：《北碚区第一家街道工业的诞生和发展——从底角螺丝组到重庆排风扇厂》，载中国人民政治协商会议重庆市北碚区委员会文史资料委员会编《北碚文史资料》第八辑，1996年，第29页。

三线建设时期北碚工矿企业一览表[①]

煤炭工业	天府矿务局(下属磨心坡矿、刘家沟矿、杨柳坝矿、三汇一矿、三汇三矿)、重庆市嘉陵一矿、重庆市嘉陵二矿、重庆市运河煤矿、天府五七一社、天府五七二社等
钢铁工业	特钢北碚分厂等
化学工业	重庆制药五厂、重庆碚陵制药厂、国营八四五厂、北碚氮肥厂、西南师范学院化工厂、重庆合成化工厂八车间、重庆缙云橡胶厂、重庆利农塑料制品厂、北碚化工厂、重庆朝阳制药厂、缙云日用化工厂、北碚塑料厂、北碚中药材加工厂、北碚塑料瓶盖厂、灯塔橡胶制品厂、磨滩小学校办工厂等
机械工业	红岩机器厂、重庆浦陵机器厂、重庆农用汽车制造厂、重庆第二纺织配件厂、重庆钟表元件一厂、重庆钟表元件二厂、重庆缙云机械厂、北碚玻璃模具厂、重庆机床附件二厂、西南师范学院科教仪器厂、重庆钢锉三厂、重庆五金机具厂、重庆千斤顶厂、重庆窗钩厂、重庆水管零件厂、重庆风动工具厂、重庆北碚工具厂、重庆红岩修造厂、重庆汽油机配件厂、重庆北碚汽车零件厂、重庆阀门四厂、重庆管钳工具二厂、重庆北碚汽车自动鼓厂、重庆五一机电加工厂、北碚航运公司造船厂、北碚缙峰电子仪器厂、北碚歇马五金厂、北碚文星弹簧垫圈厂、重庆三益公司机械厂,以及北碚劳动服务公司燎原机电修配厂、重庆仪表材料研究所劳动服务公司附属厂、重庆二十四中学校办厂、蔡家沟小学校办厂等
仪器仪表工业	四川仪表总厂(含下属19个专业分厂和18个集体工厂)、重庆煤矿安全仪器厂、重庆光学仪器厂、重庆水文仪器厂、重庆试验设备厂、重庆衡器厂、西南仪表零件厂、西南游丝厂、重庆电度表厂、重庆缙云仪表厂、重庆缙亚仪表厂、重庆缙陵仪表厂、重庆陵亚仪表厂、重庆江亚仪表厂、重庆仪表电机厂、重庆朝阳仪器厂、重庆教学仪器厂、重庆光学仪器配件一厂、重庆光学仪器配件二厂、重庆试验设备配件厂、重庆衡器四厂、兴中机械加工厂、兼善中学、重庆二十二中、二十三中、四十四中、四十八中、九十八中、一〇〇中、一一七中、一二〇中、一二一中和朝阳小学、青台山小学、石板场小学等

① 重庆市北碚区地方志编纂委员会:《重庆市北碚区志》,科学技术文献出版社重庆分社,1989年,第195-216页。

续表

电器工业	国营华伟电子设备厂、四川灯具厂、重庆无线电六厂、重庆洗衣机二厂、重庆北碚金属电器厂、重庆电力电容器厂、重庆排风扇厂、重庆第五电器厂、重庆无线电十六厂、北碚电容器成套厂、重庆缙云电器厂、重庆巴蜀灯具厂、北碚汽车电器厂、北碚电器设备厂、北碚电教器材厂、北泉通用电器厂、双凤桥小学校办工厂、四川省二〇八地质队劳动服务公司电器厂等
玻璃工业	重庆北碚玻璃制瓶厂、重庆北碚玻璃仪器总厂、重庆北碚玻璃器皿厂、重庆体温计厂、北碚玻璃仪器二厂、黄桷玻璃厂、重庆光学元件厂、北碚玻璃加工厂、黄桷玻璃仪器加工厂等

与此同时，由于众多三线企业内迁至北碚歇马，使歇马在北碚区的作用和地位日益重要。为此，北碚区政府对整个城市进行了重新规划，以适应新形势的需要。1975年，北碚区成立规划领导小组，以近期十年并适当结合远期开展了北碚区城市初步规划。规划范围包括朝阳、天生、歇马、澄江、三花石、黄桷、东阳、文星、磨心坡等地区。对朝阳、天生、歇马地区同时做了详细规划。此次规划明确北碚的城市性质：以仪表工业为重点，机械、轻工、煤炭工业也有较大发展的工业城镇。在功能分区上，按五个小城镇划分：(1)朝阳、天生小城镇，是本区的政治、经济、文化中心，以仪表（四川仪表总厂配套项目、总装、测试、科研等）和地方工业为主；(2)澄江、三花石小城镇以仪表工业为主；(3)歇马小城镇以机械、仪器仪表为主；(4)东阳、黄桷小城镇以轻工业为主；(5)文星小城镇以煤炭和建材工业为主。①

此次规划，较仔细地分析了北碚区城市建设中存在的问

① 重庆市北碚区地方志编纂委员会：《重庆市北碚区志》，科学技术文献出版社重庆分社，1989年，第175-176页。

题，如工业布局分散，厂际协作困难，交通运输不便，企业小而全；功能分区不明确，不同性质工厂混杂、穿插，互相影响；工业企业职工居住区分散，城市市政设施、公共建设难以配套，不利于生产及生活等。针对存在的问题，新的规划明确了城市功能分区，紧缩布局，集中紧凑地发展小城镇。具体而言，主要包括：城市性质及人口规模；工业布局、交通运输（铁路、公路、桥梁、港口码头）；防洪堤坝；仓库；生活居住区；居住建筑；公共建筑（教育、卫生、商业、文化）；疗养院及大专院校；绿化系统；公共设施（供水、排水、供电、通讯、天然气）；人防工程等11个方面。[①]总之，此次规划对北碚的城市建设产生较为深远的影响，结束了北碚区较长时期城市建设与管理无具体规划指导的局面，奠定了现代北碚的城市格局和基本面貌。

六、全国仪器仪表基地的确立

重庆的仪器仪表工业，是新中国成立后从无到有逐步发展起来的。重庆仪器仪表工业在新中国成立初期基本上没有专业厂点，主要以修配为主。自1958年公私合营后，组建起重庆市第一家仪表厂——重庆仪表厂，主要生产压力表，拥有固定资产原值28.72万元，职工428人。1959年，工业总产值仅有188万元，利润39万元。1960年，原重市机电工业

① 重庆市北碚区地方志编纂委员会：《重庆市北碚区志》，科学技术文献出版社重庆分社，1989年，第176页。

局成立电器仪表公司，将重庆仪表厂和从事生产、修配仪器仪表产品的一些市、区属和街道小厂以及修配门市等组织在一起，第一次实行了统一规划管理，共有厂点9个，职工2294人，工业总产值740万元，产品主要是压力表、真空表、电工仪表、教学用罗盘仪、光学镜片等。三线建设时期，国家规划将重庆建设为西南的仪表工业基地，使重庆仪器仪表工业得到较快的发展。从1965年起，在内迁厂点的基础上，开始建设四川仪表总厂，并陆续建成投产。①

四川仪表总厂（简称“川仪总厂”）是国家第一机械工业部执行中央关于加强三线建设的决定，从上海、江苏、辽宁等沿海地区，以一分为二的方式内迁西南地区对口新建起来的仪器仪表综合制造基地，目的是为石油、化工、电力、冶金、机械、军工等产业制造所需仪器仪表。基地起初建设速度很快，1966年，三花石仪器材料厂（即研究所）和转速仪表厂曾创造了半年施工、九个月完成搬迁，第十个月即开始生产的范例。但是之后不久，“文化大革命”爆发，基地因遭受干扰而延误了生产。1970年之后，仪表基地建设进度又得到较快推进。到1974年底，总厂基地建设基本完成。川仪总厂在北碚区建造了19个分厂，一所技工学校和两个研究所（即重庆自动化仪器研究所和热工仪器材料研究所）。②1975年以后，川仪总厂决定实施高起点的发展方向，

---

① 中共重庆市委研究室：《重庆市情》，重庆出版社，1985年，第108页。

② 重庆新四军史料征集研究会：《铁军战士奋斗在山城：新四军老同志在重庆工作回忆录选辑》，2003年，第173页。

到1978年，先后开发新产品275项，基本能生产12大类自动化仪表，成为我国现代化建设的一支生力军。

不仅如此，在仪表工业的带动下，重庆陵亚仪表厂、重庆缙云仪表厂、重庆朝阳仪器厂、重庆缙亚仪表厂等10多家仪器仪表元、器件加工制造厂逐渐兴起。使得北碚逐步形成了科研与生产，仪表元件、仪表材料与整机组装，单机与成套系列产品的紧密结合，门类齐全、实力雄厚的综合性仪器仪表生产体系。成为拥有水文仪器、安全仪器、光学仪器、教学仪器、分析仪器、计量衡器、试验设备、自动化仪器、自动化仪表、电工仪表、仪表元件、仪表材料等12个大类，1000多个品种，2000多个规格型号生产能力的全国第二大仪器仪表工业基地。仪表也因此而成为与北温泉、缙云山齐名的北碚名片。①

① 周洪琴：《北碚仪表行业发展现状与对策》，《自动化与仪器仪表》2012年第2期。

第六章

都市花园

1978年12月18日，在中华民族历史上，在中国共产党历史上，在中华人民共和国历史上，都必将是载入史册的重要日子。这一天，我们党召开十一届三中全会，实现新中国成立以来党的历史上具有深远意义的伟大转折，开启了改革开放和社会主义现代化建设的伟大征程。改革开放以来，北碚区解放思想，开拓奋进，全区经济社会长足发展，人民生活水平显著提高，党的建设、精神文明和民主法治建设进一步加强，北碚区的综合实力上了一个新的台阶。按照建立社会主义市场经济体制的要求，北碚区制定并实施了企业改革、农村改革、机构改革、住房制度改革、社会保障制度改革等一系列政策；放活了土地经营使用权，调动了农民生产积极性；加大了企业改革力度，使一批企业盘活了存量，明晰了产权，初步形成了多种经济成分共同发展的格局；对内对外开放进一步扩大，对外贸易和利用外来资金增长幅度较大。

一、“四依托、四开发”战略的提出

党的十一届三中全会作出了把全党工作重点转移到社会主义现代化建设上来的战略决策，实现了新中国成立以来的伟大转折。1978年12月25日，中共北碚区委发出通知，要求区属党的基层组织、区级各部门，立即组织广大干部学习党的十一届三中全会公报，把全区党的工作重点转移到现代化建设上来，要集中主要精力把农业尽快搞上去。[①]

“文化大革命”中，出现了大批冤、假、错案。“文化大革命”结束后，在揭、批、查运动中，全区纠正冤、假、错案，落实党的干部政策，取得了一定的成绩。1979年2月3日，区委召开了为期三天的工作会议。会议联系北碚的实际，着重讨论全党工作重点转移到社会主义现代化建设上来，加快落实干部政策的步伐，抓紧对冤、假、错案的平反昭雪，认真处理

① 中共北碚区委党史研究室:《中国共产党重庆历史·北碚区卷》，重庆出版社，2011年，第184页。

遗留问题，充分发扬民主，健全社会主义法治。[①]

为了进一步贯彻十一届三中全会精神，落实“调整、改革、整顿、提高”八字方针，清理经济工作中长期存在的“左”的思想，区委于1979年6月召开了区委三届二次全委扩大会，讨论研究开展增产节约，加强党对经济工作的领导。全区的改革首先从农村开始并取得了重大突破。根据中央关于调整国民经济首先要把农业搞上去的指示精神，1977—1979年，全区60%以上的生产队实行了包工到组、联产计酬责任制，广大农民的生产积极性空前高。[②]

1980年1月18日，区委印发《关于进一步贯彻落实省委〔1979〕100号文件的意见（试行稿）》，强调调整生产关系，加强生产责任制，进一步落实农村经济政策；要求农村各社、队普遍开展敢不敢富、能不能富、怎样富起来的大讨论，做到思想上敢冒尖、政治上鼓励冒尖、政策上支持冒尖、组织上保证冒尖，使农业生产发展得更快，社员收入增加得更多，生产队基础更加巩固，农村经济更加繁荣。区委要求各公社党委按照建立责任制时签订合同及“三兼顾”原则，做到生产队统一分配，奖惩兑现，取信于民，使社员真正得到实惠，做到增产增收，落实“休养生息”的方针，进一步调动社员的劳动积极性。到1980年底，联产计酬责任制已成为农村生产的主要形式，并逐渐从“包产到组”向“包产到

① 中共北碚区委党史研究室：《中国共产党重庆历史·北碚区卷》，重庆出版社，2011年，第187页。

② 中共北碚区委党史研究室：《中国共产党重庆历史·北碚区卷》，重庆出版社，2011年，第194页。

户”“包干到户”过渡。[1]

1981年2月，区委召开农村三级干部会议。会议要求广大农村干部进一步认清大好形势，明确任务，带领和团结广大社员，夺取农业大丰收。7月6日、9月29日、12月25日，区委又先后召开农村工作会议，深入学习省、市有关农业生产责任制的指示，研究《关于进一步加强和完善我区农村生产责任制的意见》，研究因地制宜发展多种经营、分类指导专业承包，以及帮助公社落实生产责任制等有关问题。区委调研组还制定了《北碚区农业生产统一领导，联产计酬责任制试行办法》。同时，区委先后抽调了一批区级机关干部，分别到各公社具体指导、帮助落实责任制。到1981年底，全区1105个生产队全部建立了各种不同形式的责任制。其中，专业承包29个，包产到组149个，包产到户62个，联产计酬148个，包干到户704个，小段定额管理5个，包基本口粮8个。到1982年，已建立起以“大包干”为主的家庭联产承包责任制。与此同时，还积极扶持专业户、重点户，大力发展多种经营等。家庭联产承包制充分调动了农民的生产积极性，在发展农村经济中的优越性日益显现[2]。

1984年3月4日，中共重庆市北碚区第四次代表大会胜利召开，这是我国实行改革开放后，北碚区召开的首次党代会。会议正式将“把北碚建设成为经济繁荣、文化发达、风

① 中共北碚区委党史研究室：《中国共产党重庆历史·北碚区卷》，重庆出版社，2011年，第194页。

② 中共北碚区委党史研究室：《中国共产党重庆历史·北碚区卷》，重庆出版社，2011年，第194–195页。

景优美的旅游区”的奋斗目标纳入人民代表大会决议。会议明确指出，北碚区第三次党代会工作报告中存在一些“左”的错误观点，在经济建设上提出了一些不切实际的指标和要求。五年来，北碚区各级党组织领导人民群众坚决贯彻执行党的十一届三中全会以来党的路线、方针、政策，坚持四项基本原则，不断清除“左”的错误影响，拨乱反正，使各项工作逐步走上了健康发展的轨道，全区面貌发生了振奋人心的深刻变化，形势一年比一年好。可以说，这五年是实现历史性转变的五年，是在初步改革中胜利前进的五年。[①]

1992年7月16日，区委、区政府组织全区副局级以上干部在人民会堂收听市委、市政府召开的进一步扩大对外开放动员大会。会后，区委中心学习小组全体成员按照大会精神，结合北碚实际，进行了认真而热烈的讨论，并在征求各方面意见的基础上，区委、区政府制定了《关于加快改革开放，力争经济更好更快地跨上新台阶的意见》，提出力争“八五”“九五”期间，北碚经济发展再上两个新台阶，提前实现翻两番的第二步战略目标。其措施是：(1)以邓小平“南方谈话”精神为指导，进一步解放思想；(2)以两转换(政府职能、企业经营机制)为重点，加快各项改革步伐；(3)以沿江开放为契机，扩大对外开放，推动纵横经济联合；(4)以加快实施“四依托、四开发”(依托北碚的交通，开发商业贸易；依托北碚的科技优势，开发8—10平方公里科、工、贸经济区；

① 中共重庆市北碚区委、党史研究室：《中国共产党重庆市北碚区历次代表大会文献汇编(1956—2012)》，第199页。

依托风景名胜优势，大力开发旅游业；依托北碚地理优势，开发房地产业）围城地域发展战略为重点，加速经济发展。7月23日，区委召开六届八次全委扩大会议和区政府全体会议，会议在总结上半年工作基础上，讨论进一步加快改革开放和经济发展步伐的措施。8月12日，区委、区政府决定成立"北碚区经济开发办公室"，以加快实施北碚区"抓开发，求发展"的战略思想，促进经济登上新台阶。[①]

1993年2月16日，中共北碚区第七次代表大会召开。会议号召全区党员深入贯彻落实党的十四大精神，围绕建立社会主义市场经济体制，加大改革力度，加快改革步伐，继续走城郊型经济的路子，加速实施"四依托、四开发"的经济发展战略，努力实现国民经济超常规、跳跃式发展，加强社会主义精神文明建设和民主法治建设。[②]

1994年4月，北碚成立了社会发展综合实验区领导小组，开展了争创工作。1995年10月，重庆市政府确定北碚区为重庆市社会发展综合实验区。1996年初，区委七届六次全委扩大会议审议并通过了区委《关于动员、组织全区人民实施国民经济和社会发展"九五"计划和2010年规划纲要的决议》《关于努力争创国家级社会发展综合实验区的决定》。接着，区委召开工作会议，讨论了《关于动员、组织全区人民实施国民经济和社会发展"九五"计划和2010年规划纲要》

① 中共北碚区委党史研究室：《中国共产党重庆历史·北碚区卷》，重庆出版社，2011年，第235页。

② 中共北碚区委党史研究室：《中国共产党重庆历史·北碚区卷》，重庆出版社，2011年，第235-236页。

和《北碚区社会发展综合实验区总体规划1996—2000年》，把“建设好重庆市综合实验区、争创国家级社会发展综合实验区”提上重要日程。[①]

二、行政区划大调整

中华人民共和国成立前，北碚区划调整较小。1940年，从黄桷镇、文星乡各划出部分地区建白庙乡。1942年3月，改北碚乡为朝阳镇。7月，从朝阳镇划出部分地区分设金刚乡、龙凤乡。

20世纪50年代，北碚行政区划变化频繁。至1980年12月，北碚区下辖朝阳、天生、黄桷、文星、燎原、澄江、北泉、歇马、蔡家9个街道，文星、代家沟、东阳、西山坪、转龙、澄江、金刚碑、龙凤桥、歇马、磨滩、槽上、施家梁、蔡家岗、灯塔岩、童家溪15个乡，面积374平方公里。1985年12月，经四川省人民政府批准，撤销黄桷、澄江、歇马3个街道办事处和东阳、澄江、歇马3个乡，设立东阳、澄江、歇马3个建制镇。1986年8月，撤销童家溪、蔡家岗、灯塔岩3个乡和蔡家街道办事处，设立童家溪、蔡家岗2个镇。1988年3月，撤销文星、燎原2个街道办事处和文星、代家沟、龙凤桥、槽上4个乡，设立天府、龙凤桥2个建制镇。1992年11月，撤销施家梁乡、金刚碑乡和北泉街道办事处，设施家梁、北温泉2个建制镇。

① 中共北碚区委党史研究室：《中国共产党重庆历史·北碚区卷》，重庆出版社，2011年，第237页。

1995年的重庆市行政区划调整是新中国成立以来北碚历史上较大的一次行政区划调整。1995年1月，重庆市人民政府印发《重庆市人民政府关于我市实施行政区划调整的通知》，经国务院批准，在保持重庆市21个区划建制的前提下，扩大市中区、江北区、南岸区、沙坪坝区、九龙坡区、大渡口区、北碚区的行政区域，市中区更名为渝中区；撤销江北县、巴县，设立渝北区、巴南区，并调整其行政区域；将原江北县的水土、复兴、静观、柳荫、三圣、偏岩6个镇和皮家山、石坝2个乡划入北碚，面积379.2平方公里，人口23万。北碚区共辖天生、朝阳2个街道办事处，歇马、龙凤桥、天府、童家溪、澄江、蔡家岗、东阳、北温泉、施家梁、水土、复兴、静观、柳荫、三圣、偏岩等15个镇和皮家山、石坝2个乡，区人民政府驻碚峡西路。新划入片区被称为“江东片区”，是北碚发展生态农业的重点区域。为做好行政区划调整工作，北碚区政府印发了《关于抓紧做好有关行政区划调整工作的通知》，按照全市工作部署，投入大量精力，深入有关镇乡和单位调查摸底，做好人员、资金、财物等各方面接收工作，于1995年3月全面完成区划调整的接收任务。按照“不留飞地、界限分明、便于管理、方便群众、有利发展”的原则，在认真落实国务院、省政府批准我市行政区划调整方案的基础上，决定对有关区部分街、镇中的村、社和飞地进行调整。将北碚区水土镇的清南村、十字村划归渝北区管辖，以上两村并入渝北区悦来乡。1996年，北碚区下辖天生、朝阳2个街道办事处；皮家山、石坝2个乡；龙凤桥、东阳、歇马、澄江、北温泉、施家梁、蔡家岗、童家溪、天府、三圣、水土、柳荫、静观、复兴、偏岩等15个镇。

2000年5月，经重庆市人民政府批准，撤销石坝乡、皮家山乡建制，建立石坝镇、金刀峡镇。2004年7月，撤销北温泉镇、龙凤桥镇、东阳镇，建立北温泉街道、龙凤桥街道、东阳街道。2005年8月，经重庆市人民政府批准，撤销石坝镇并入三圣镇，撤销偏岩镇并入金刀峡镇。2017年5月，经重庆市人民政府批准，撤销蔡家岗镇，建立蔡家岗街道。

三、争创国家可持续发展实验区

1996年，北碚区开始争创国家可持续发展实验区，当时叫国家社会发展综合实验区。中共中央和国务院在总结全国各地改革开放以来的经验和教训基础上，为贯彻可持续发展的新理念，决定在一些条件相同的地区建立实验区，树立发展的样板和可持续发展的典范，以求得经验，发挥示范作用。实验区的确定和指导等具体工作，由国家科委负责。[①]

那时重庆还未成为直辖市，全市只有一个名额。区委在得到消息后，第一时间决定赶快进行申报和争取工作。在争创工作初期，北碚区就广泛动员北碚的科研单位和企业，邀请他们进入争创领导小组，协商具体的办法，将区委和区政府的意愿与社会的希望结合起来，形成合力。北碚的一个优

① 中共北碚区委党史研究室：《北碚改革开放口述史》，内部资料，2018年，第13页。

势就是人文历史。从卢作孚20世纪20年代在北碚进行乡村建设实验到抗日战争时期的平民教育实验，到新中国成立初期的风景文化区建设实验，再到60年代的三线建设实验，北碚不断探索实践的历史，也是争创的有利条件。还有就是科技人才优势。全国第一次实行科技人才政府特殊津贴，重庆市获得第一批政府津贴的，北碚区占了49%，区内知识分子占总人口比例是全市最高的。经过一系列的申报工作，重庆市政府向国务院推荐北碚区和渝北区接受由九位专家组成的考察组的检测。

考察组到北碚听完汇报后就进行全面考察。第一站到了重庆柑橘研究所。所长做了两个半小时的发言，从柑橘研究角度谈可持续发展的理念，考察组的专家听得很感兴趣。然后又到仪表材料所、西南农业大学、六九〇五厂、三〇八厂等单位，这些单位的领导都讲得很不错，让考察组很受感动。北碚的研究单位和企业的汇报，体现出争创工作有广泛的群众基础，同时说明这些单位对可持续发展有很深的了解，积极性很高。这两个方面恰恰是考察组所重视的，也是整个实验区发展的后续动力所在。1996年5月，在北京举行申报答辩。北碚区重点从群众基础和人文历史方面进行了阐述，表达区委区政府争创可持续发展实验区的决心和信心，受到与会领导和专家的好评。最后确定北碚成为国家可持续发展实验区。①

① 中共北碚区委党史研究室：《北碚改革开放口述史》，内部资料，2018年，第17-18页。

1997年4月8—10日，国家社会发展综合实验区专家组来北碚考察，对北碚区所具有的社会、经济发展条件和改革开放以来取得的成绩予以充分肯定。9月29日，经国家社会发展综合实验区协调领导小组批准，北碚区被正式列为国家社会综合发展实验区。①

四、“一团二园三城”的发展格局

21世纪初对于北碚来说，是难得的发展时期。2003年2月，北碚区第九次党代会召开，提出了“工业强区、科教兴区、旅游活区、生态靓区”的发展战略。北碚乘着西部大开发的东风，大力推进以“一团二园三城”为重要载体的城市基础设施建设和城镇化建设。

“一团”即蔡家组团。蔡家组团是北碚区当时突破的重点，规划了48平方公里，作为与主城核心区融为一体的连接点。北碚的“边缘化”，首先在于地域的“边缘化”，蔡家组团将主城和北碚老城连成了一体。北碚区反复向市委、市政府汇报，积极与重庆市规划局沟通联系，希望将蔡家组团纳入市里的统一规划当中。当事人回忆道：“蔡家组团和同兴工业园规划后，我们始终坚持生态发展的理念，要求高新技术产业、没有污染的企业才能进入，同时还强调了投入产出比至少要达到1∶2。虽然当时我们的经济总量差，发展的要求

① 中共北碚区委党史研究室：《中国共产党重庆历史·北碚区卷》，重庆出版社，2011年，第237页。

迫切，但是引进来的企业我们都是严格筛选了的……我们结合北碚自身产业定位，发挥生态优势，创造良好的软硬环境，瞄准世界500强、中国500强企业和高科技产业开展招商引资。比如，我们在蔡家引进四联集团的LED项目，就是考虑到这个项目的科技含量高，无污染，投入产出比高。”[1]

自2007年6月起，蔡家组团管委会和重庆同兴工业园区管委会实行两块牌子、一套班子的管理模式，下设3个建设融资平台，即蔡家组团建设开发有限公司、同兴工业园区开发建设有限公司、蔡家组团市政建设有限公司；1个担保公司，即重庆市互利信用担保有限责任公司。2010年6月18日，两江新区挂牌成立。蔡家组团规划范围内的北碚区蔡家岗镇和施家梁镇纳入两江新区，该区划辖区面积66平方公里，规划建设面积48平方公里，规划人口50万人。蔡家组团（同兴工业园区）管委会属于北碚区政府派出机构，受两江新区管委会和北碚区委、区政府双重领导。蔡家组团于2004年纳入重庆市城市总体规划，是重庆主城21个大型聚居区之一，也是重庆市规划建设的都市圈11个城市组团之一。蔡家组团位于重庆市主城北部，东连两江新区悦来组团，南接两江新区北部新区，西承沙坪坝区的亚洲最大笔记本电脑基地——西永微电园，北靠水土高新技术产业园，处于四区经济联动和功能衔接的枢纽位置，是重庆主城北上拓展的最佳空间。蔡家组团产业定位为“四高”，即高新技术、

① 中共北碚区委党史研究室：《北碚改革开放口述史》，内部资料，2018年，第5-6页。

高端商务、高档次娱乐、高品质居住。蔡家组团交通便捷，至江北国际机场15千米，至寸滩保税港18千米，至龙头寺火车站18千米，至市中心20千米。

“二园”，一个是同兴工业园，当时为了实施方便，把蔡家组团与同兴工业园分成了两个部分，“重庆市同兴工业园区”是2002年底市政府命名的，发展到一定阶段后合并到了蔡家组团。另一个是重庆生态农业科技产业示范园。北碚发展生态农业有优势，有西南大学的科技力量支撑。静观、水土的花卉种植又有悠久的历史和相当的规模，是原国家林业局命名的“中国花木之乡”，有从水土镇到静观镇再到金刀峡镇的百里花卉长廊。所以，北碚区在江东规划了重庆生态农业科技产业示范园。为争取这个项目，北碚区当时也是做了大量的工作，包括后来向原农业部和中共中央台湾工作办公室、国务院台湾事务办公室争取台湾农民创业园，当时上面选了两个点：一个是九龙坡区，一个是北碚区，通过大量艰苦细致的工作，最后还是北碚争取到了。[①]

重庆市生态农业科技产业示范区于2002年经重庆市人民政府批准成立，按照区委、区政府的发展战略，北碚江东花木及旅游农业产业带是园区的工作重点。北碚江东花木及旅游农业产业带依托金刀峡国家AAA级风景区等旅游资源优势、西南大学等科研人才资源优势、静观“中国花木之乡”等生态农业优势、外环高速等交通区位优势，规划在北

① 中共北碚区委党史研究室：《北碚改革开放口述史》，内部资料，2018年，第6-7页。

碚江东片区从外环高速公路水土出口附近起，沿碚金路两侧呈带状分布，总面积25000亩，主要发展农业科研生产、农副产品加工、商贸物流和农业生态旅游等产业，也是重庆新农村建设和统筹城乡发展示范点。生态农业园区项目整体进入重庆市“十一五”规划，西南农产品物流基地和配送中心项目进入重庆市“十一五”规划现代物流专项规划。[1]

“三城”，即北碚新城、国家级大学科技园和十里温泉城。北碚新城开发比较早，直辖后加快了开发进程。国家级大学科技园是利用北碚的大学资源优势，争取教育部、科技部等的支持。当时，北碚区与原西南师范大学、原西南农业大学一起，多次到北京论证、答辩，最终国家授予的“大学科技园”在重庆市就只有北碚和重庆大学。北碚国家大学科技园将大学里的一些科研成果进行孵化，包括中国柑橘研究所、北碚的仪表材料研究所等机构的科研成果。当时的想法就是通过园区培养一批企业家，创建一批高科技企业，通过学校和科研单位的成果来转换，实现产业升级和经济增长。北碚的北温泉有着悠久的历史，为了把温泉文化旅游做大做强，当时北碚区想了很多办法，多次向市里汇报，最终获得支持，大力支持温泉旅游项目建设立项，取名为“十里温泉城”。

北碚新城（大学城）管委会组建于2007年，由原新城管

① 重庆市北碚区人民政府、北碚年鉴编纂委员会：《北碚年鉴（2007—2011）》，第49-50页。

委会(成立于1999年)和北碚大学城管委会(成立于2004年)合并而成,主要负责北碚新城(大学城)规划布局、开发建设、招商引资及管理等事务。北碚新城地处缙云山麓、嘉陵江畔,是北碚组团的核心组成部分,是一座融合天赐青黛山水和深厚人文底蕴的宜居宜业宜商宜学之城。

作为北碚组团规划、建设、管理的重要推手,北碚新城建成区面积已超过10平方公里,常住人口超过15万人,建筑总量达550万平方米,主要由城南新区、城北新区组成,是集政治、经济、文化和居住为一体的具有地方特色和山水园林特色,凸显重庆主城"都市花园"风光的综合新区,高品质商住产业、高新技术产业以及现代服务业等产业蓬勃发展,经济社会发展水平显著提升,城市价值与日俱增,城市活力不断迸发。

北碚组团纳入总规划的面积约54平方公里,已获批控规约36平方公里(其中,北碚新城已获批控规约20平方公里)。2011年,完成调规约10平方公里,确保了新城可持续开发建设,并创造性地解决了金刚碑片区保护性开发的规划许可等问题。累计完成土地征收约1.5万亩,出让土地约9000亩,妥善安置农转城群众约8000人,建成安置小区10处,约21万平方米。2010年,完成了11117亩储备土地的回购工作,为全区"十二五"期间的发展拓展了空间,积累了财富。开发体量超过10万平方米的龙湖·紫云台、中铁建·山语城、海宇·西湖山水、浩博·方山境、新天泽·云山外等高品质楼盘先后面市,建筑总体量已超过490万平方米,大批区外消费者纷纷来碚居家兴业，高品质生态商住产业全面发力。

嘉陵风情步行街、天生丽街、九号美食街全面建成，嘉陵风情步行街入选全市最美街道20强；北碚第一个五星级酒店——海宇大酒店建成投用；雄风百货、苏宁电器等33家重点商贸企业入驻新城；深圳发展银行、花旗银行贷款公司等10余家金融机构落户新城。累计完成固定资产投资逾100亿元、招商引资逾120亿元，成功引进中国铁建、龙湖地产、浙江海亮与天洁等世界500强2家、中国500强3家。

大学科技园是2004年10月经科技部、教育部评估验收通过的国家级大学科技园，是重庆市仅有的两所大学科技园之一，也是全国24家高校学生科技创业实习基地之一。为早日把大学科技园建设成一流的国家大学科技园，经市委、市政府同意，北碚区政府和西南大学决定采取“政府、高校、企业”联合共建的方式，以加快大学科技园建设。2008年6月，确定与CBC中国宽带产业基金、香港东南发展有限公司共同授权的关联公司——深圳东南实业有限公司开展战略合作，并依法在重庆联合产权交易所完成了部分股权转让。同时，出资成立了北碚大学科技发展有限公司，由该公司具体承担大学科技园的建设任务。

截至2011年年底，大学科技园累计培育科技企业215家，毕业企业70家，高新技术企业26家，转化学校科技成果191项，申请各类专利300余项，其中发明专利93项，获批准专利81项，申报国家、市区项目411项，吸引留学创业人员51人，培训各类创新人才8600余人次，解决就业人数6200人左右，累计实现销售收入45.12亿元，年均增长29%，累计上缴利税1.9亿元左右，后发优势强劲，为北碚区经济社会发展作出了贡献。2011年，大学科技园顺利通过科技部、教育部的复审评估，8.5万平方米的科技创业大厦加快建设，投用后可容纳400家企业，创造就业岗位约8000个。

大学科技园建设已摆脱“蹒跚学步”的初始阶段，逐渐步入建设轨道，进入发展期。目前，建成后的大学科技园将成为集信息产业、服务外包、创意经济、生物工程、新材料、新能源、光机电一体化等产业为核心的高科技园区。同时，将逐步引入知名商业、五星级酒店、会展中心等作为园区生活服务配套，进一步完善功能，提升品质，成为区域重要增长极。

十里温泉城于2005年经重庆市人民政府批准成立，选址于重庆主城旅游文化名城北碚，开发范围包括澄江运河核心片区、北温泉拓展片区、施家梁山地温泉小镇片区三个部分，短期规划面积10平方公里，中期规划面积30平方公里，远期规划面积50平方公里。该区域依托得天独厚的自然环境、优越稀缺的温泉资源和方便快捷的交通条件，主要发展特色旅游业和高品质生态商住产业，打造以温泉为核心的现代服务业集聚区和对接两江新区、北碚区的国际旅游集散服务中心。

作为重庆市政府建设“五方十泉”、打造“温泉之都”的首批重点温泉旅游项目和北碚区“两高一特”产业发展的重要载体，十里温泉城进入重庆市“十二五”规划，并被市政府确定为100个市级重点建设项目之一，2009年被国际休闲产业协会评为“国际最佳休闲养生基地”，2010年被亚太旅游联合会推荐为“世博会中国旅游推荐最佳旅游胜地”，并被世界华人华侨旅游组织、亚太旅游联合会、中华工商联合会命名为“中国最具发展潜力景区”。

2007—2011年间，通过多方宣传、广泛协调，大力推进招商引资工作，引进企业5家，累计实现招商引资到位资金84.1亿元。其中，中国国旅集团投资14.5亿元打造重庆颐尚山地温泉小镇；云南柏联集团投资4亿元打造北温泉柏联SPA及SLH小型奢华温泉酒店；重庆申基集团投资35亿元打造世界顶尖精品度假品牌——悦榕庄、悦椿两家酒店，以及山地别墅、森林别墅等居住产品；北京建工集团投资8亿元建设集五星级酒店、高端住宅于一体的博海·江山逸项目；云南睿和鑫投资有限公司投资22.6亿元打造心景·国际温泉度假中心。

目前，十里温泉城正在发挥区域内得天独厚的自然条件、天赋灵秀的生态环境和绝冠四方的温泉资源，以缙云山作为绿色大背景，通过逶迤灵动的运河将各大功能板块有机地串联起来，形成荟萃温泉旅游、休闲度假、生态购物、养生居住、文化寻根、展示交易等多功能、多形态于一体的温泉度假旅游区，打造国际养生度假新地标。

十里温泉城(蹇骞 摄)

与此同时,以“521”交通网络为重点的基础设施建设取得重大进展。2002年,重庆直辖后首条高速公路渝武北碚段通车,成为北碚发展史上新的里程碑。2006年,渝武高速公路北碚段纳入主城年票制,区政府投资新建东阳、缙云山两个出口;遂渝铁路北碚段建成投用;襄渝铁路北碚段和重庆绕城高速北碚段建设全面实施;北碚嘉陵江大桥项目顺利完工等,北碚主城“边缘化”问题逐步消除。

五、西南大学的组建

20世纪末到21世纪初,我国大力推进高等教育管理体制改革和布局结构调整。为顺应高等教育体制改革的趋势,从1993年起,西南师范大学和西南农业大学开始协商合作办学。1999年11月,西南师范大学、西南农业大学、中国农业科学院柑橘研究所在前期合作的基础上,共同制定了《合并组建西南大学的方案》,并呈报教育部、原农业部和重庆市人民政府,但该方案没有获得批准。此后,根据发展需要,两校各自进行了合并。

2000年7月,重庆市轻工业局与西南师范大学签署协议,双方同意将重庆市轻工业职工大学成建制并入西南师范大学,成为西南师范大学直属的二级单位。同年4月,西南农业大学、中国农业科学院柑橘研究所联合向原农业部递交了关于校、所合并的请示,6月批准回复,合并后的柑橘研究所实行中国农业科学院与西南农业大学共建、以西南农业大学为主的管理体制。与此同时,西南农业大学与四川畜牧兽医学院也积极推进合并建校事宜。四川畜牧兽医学院前身为1939年建立的私立建华高级农业职业学校,1941年改名为四川省立荣昌农业职业学校,1953年改名四川荣昌畜牧兽医学校,1978年12月改建成四川畜牧兽医学院。2000年5月,西南农业大学、四川畜牧兽医学院联合向重庆市教育委员会上报合并组建新的西南农业大学的请示。重庆市教育委员会根据重庆市高等教育管理体制改革的总体安排,决定由"两校一所"(西南农业大学、四川畜牧兽医学院、中国农业科学院柑橘研究所)合并组建新的西南农业大学。2000年12月,西南农业大学、四川畜牧兽医学院、中国农业科学院柑橘研究所三方联合向重庆市教育委员会上报了合并请示。2001年2月,中共重庆市委教育工委、重庆市教育委员会下发《关于成立新西南农业大学筹备工作组的通知》,重庆市人民政府批复同意三方合并组建新的西南农业大学。4月,教育部函复重庆市人民政府,同意合并组建新的西南农业大学。9月22日,新的西南农业大学正式挂牌成立。这一系列的合并重组,对西南师范大学、西南农业大学扩大办学规模、提高办学效益产生了积极影响,为后来两校合并奠定了基础。

2003年7月,西南师范大学校长宋乃庆正式签发合并组建西南大学的请示和可行性报告呈报教育部。报告建议:教育部与重庆市共建西南大学,建立一所实行教育部与重庆市共建共管、以教育部管理为主的新型大学;呼吁教育部专题研究组建西南大学有关事宜,出台相关政策,尽早促成合并;恳请教育部和重庆市人民政府共同成立西南大学合并工作领导小组,统筹协调相关事宜。同年9月,中共重庆市委常委、常务副市长黄奇帆率市政府办公厅、市教委、市计委、市财政局、市规划局等部门领导到西南师范大学、西南农业大学就合校事宜进行专题调研。两校领导向黄奇帆一行表达了加快组建西南大学的愿望,期望中共重庆市委、重庆市人民政府把组建西南大学列入重庆市高等教育发展规划,提上议事日程,加强组织领导和前期准备工作。2004年4月,重庆市人民政府办公厅印发《关于成立西南大学筹备工作领导小组的通知》,决定由中共重庆市委常委、常务副市长黄奇帆任领导小组组长,市政府秘书长、市教委主任任副组长,市发展改革委、市教委、市财政局、西南师范大学、西南农业大学相关领导为成员。领导小组负责筹建西南大学具体工作，下设办公室，放在市教委。2005年7月12日，教育部下发《关于西南师范大学、西南农业大学合并组建西南大学的决定》，同意西南师范大学、西南农业大学合并组建西南大学，同时撤销原两校建制。西南大学为教育部直属学校。

西南大学成立大会现场

2005年7月17日上午10时，西南大学成立大会在音乐学院演奏厅隆重举行。教育部部长，教育部人事司司长，中国农业科学院党组副书记，重庆市委书记、副书记等出席成立大会。教育部有关司局负责同志、市级有关部门负责同志、重庆市部分高校代表以及西南大学师生代表参加大会。当天下午，教育部党组、中共重庆市委有关领导与西南大学领导班子集体谈话会在桂园宾馆金桂厅召开。西南大学党委书记、校长代表领导班子表示，一定不辜负领导和群众的希望，严格要求自己，按照教育部党组、教育部和中共重庆市委、重庆市人民政府的要求，团结一心，带领全校师生一心一意谋发展，聚精会神搞建设，为建设高水平的综合性大学共同努力奋斗。

六、北碚新城城市形态建设

按照区委、区政府“大力实施城镇大发展大建设战略、加快推进城镇化进程”的总体部署和“高起点规划、高质量建设、高水平管理”的要求，北碚举全区之力建设新城。北碚区新城由城南新区和城北新区两部分组成，是集政治、经济、文化和居住为一体的具有地方特色和山水园林特色的综合新区。随着区行政中心和缙云广场于2004年全面建成并投入使用，50多个区级部门迁入新城并成立了北碚的政治中心。新城建设不断加快，到2006年，作为北碚第一街的嘉陵风情步行街完成土石方工程30万立方米，在建房屋面积约21万立方米；北碚第一个五星级酒店——海宇温泉度假酒店基本完成。

北碚城南新城

北碚新城是经重庆市政府批准的北碚组团的组成部分，是北碚城市发展拓展区域。它坐落在奇峰叠翠的缙云山和林海茫茫的鸡公山之间，毗邻渝合高速公路，规划总面积16平方公里，规划城市人口15万人，是北碚区行政中心，商贸金融副中心，集高科技产业、文化教育和居住为主的综合性城市新区。北碚新城开发始于1997年10月城北新区一期建设，北碚区政府成立“城北新区工程指挥部”，负责对开发区工程建设的统一领导和协调管理。1999年3月，北碚区委、区政府决定在原城北等新区范围内建立“北碚新城建设管理委员会”，是北碚区政府的派出机构，行使在新城区范围内土地的规划、征用、出让、建设管理以及招商引资等职责。管委会下设办公室、用地处、规划处、招商处、建管处、工程处、房管处、财务处、纪检监察室共9个科室。2000年4月，经区政府常务会议决定，成立重庆市北碚区新城建设有限责任公司。公司为国有独资企业，主要负责新城区的土地的受让、依法转让、基础设施建设等。

1998年1月14日，城北新区一期开发建设工程奠基。2000年，由重庆市规划设计研究院编制完成《北碚区城市总体规划》，对北碚区城市规划进行了较大调整，城市规划面积由12平方公里扩大为24平方公里，2002年调整为26平方公里。同年，由重庆市规划设计研究院编制完成了《重庆市北碚区新城控制性详细规划》。2001年，由重庆市风景园林学会编制完成《北碚区新城绿地系统控制性详细规划》和《雨台山公园总体规划》。以上规划明确了北碚新城将根据自然条件，结合市场经济发展规律，坚持三效益统一原则，建设山水园林式的综合性城市新区。①

至2005年底，建成城区房屋建筑面积63.565万平方米，其中城南新区37.05万平方米，城北新区26.515万平方米。1999—2005年，完成固定资产投资9.35亿元，开工新城范围内在建项目90个，占同期全区在建项目个数48.9%；竣工项目40个，占全区竣工项目66.7%；新城范围内在建面积131万平方米，占全区在建项目面积60.6%；竣工面积37.5万平方米，占全区项目竣工面积68.2%。其中2005年完成状元府第、盛世家园、北泉花园、北温泉九号等高品质商住楼盘43.55万平方米。完成还建房、经济适用房总面积10.336万平方米，可安排被征地群众和中低收入群众1513户。北碚中医院城北分院、朝阳小学城南分校、雨台山公园、海宇温泉度假宾馆等与群众生活密切相关的配套设施投入使用。嘉陵风情步行街开工建筑面积15万平方米，其中，商住楼10万平方米。提升城南城市空间1.6平方公里，新增城市人口1.8万人，成为宜居新区。

北碚新城建设完全采取招商的方式来破解建设资金难题。据介绍，北碚修行政中心大楼是采取资产置换的方式，通过原机关大院土地招标，由业主开发旧的大院并负责修建行政中心大楼，整体包干，按规划设计要求修建，包括装修，只用了一年多时间就顺利搬迁了。当时审计署来考察，认为

① 重庆市北碚区人民政府、北碚年鉴编纂委员会：《北碚年鉴2000—2001》，第78页。

北碚采取置换的这个做法是非常好的：一是实现了资产的保值增值；二是把老城黄金宝地让利于民，繁荣了商业，增加了税收，解决了老百姓的就业；三是实现了机关干部集中办公，提高了办事效率和工作监督的透明度；四是节约了资源和能源；五是带动了新城的发展。[①]

在修建缙云山登山梯时，北碚区政府广泛招商后，将登山梯旁边的土地和登山梯一起进行开发建设。2010年元旦，缙云登山梯成为举办全国新年登高迎奥运健身活动全国分会场之一（全国共两个点，还有一个在北京长城）。现在，主城各区来这里登山健身的人络绎不绝，老百姓在这优美的环境中安居乐业……[②]

随着时代的发展，北碚新城中心城区根据功能完善、特点突出、空间紧凑的要求布局，逐渐形成了“一心两带两高地”的城市形态。

“一心”即政务、商务、科技研发中心，主要涵盖北碚区行政中心片区、国家大学科技园及金龙湖工业园片区约8平方公里区域，承载北碚区的政务、商务、科教、孵化中心的功能，未来主要发展高新技术产业、创意产业、商贸服务等服务业，逐步将北碚打造为辐射重庆西北部区域的商贸中心。

“两带”即缙云山麓生态居住与休闲养生产业带、龙凤溪流域现代都市低碳慢生活休闲带。一是缙云山麓生态居住

---

① 中共北碚区委党史研究室：《北碚改革开放口述史》，内部资料，2018年，第9页。

② 中共北碚区委党史研究室：《北碚改革开放口述史》，内部资料，2018年，第9页。

与休闲养生产业带，涵盖缙云山麓9平方公里，承载北碚区休闲度假和健康管理等现代服务业产业集群的社会功能，重点发展康体养护、休闲度假和低密度房地产等现代生活服务业，将打造成重庆主城区休闲度假、康体运动的主要目的地，努力将缙云山麓打造成国家级徒步养生主题公园。二是龙凤溪流域都市低碳慢生活休闲带，涵盖龙凤溪流域11平方公里片区，承载现代都市低碳慢生活消费带的社会功能，结合河道整治，重点发展亲水娱乐、极简餐饮、零售展示等现代服务业，努力将龙凤溪流域打造成国家级湿地公园，形成以都市慢生活为主题的河滨湿地低碳生态消费带。

“两高地”即科教文化高地和生产性服务业高地。一是科教文化高地，主要涵盖北碚母城、西南大学及周边、东阳片区约16平方公里区域。该区域具有良好的文化传承和深厚的教育底蕴，承载着北碚文化教育高地的社会功能，主要发展文化产业、教育培训产业、工业设计等创意产业，将努力打造北碚产城融合的典范。二是生产性服务业高地，涵盖歇马及其西南片区约21平方公里区域。该区域承载发展北碚区生产性服务业的社会功能，重点发展现代物流总部及后台服务与大型商住区，将充分利用其靠近“渝新欧”物流大通道终点的区位优势，打造宜居宜产的生产性服务产业基地。

进入新时代，北碚乘着两江新区开发和西部科学城建设的东风，进入改革发展的快车道。北碚人民团结一心、振奋精神、发愤图强，稳步推进各项事业发展，开创北碚更加美好的明天。

后　记

《史话北碚》是由中共北碚区委宣传部组织编写的10卷本"北碚文化丛书"中的一本，是一部较为全面客观地反映北碚历史发展脉络及历史贡献的普及性读物。本书主要选编自北碚有史以来至21世纪头十年的史事。在本书的编写过程中，我们重点秉持三项原则：严谨性、生动性与普及性。

《史话北碚》编写团队由西南大学历史文化学院、中国抗战大后方研究中心、西南大学卢作孚研究中心的有关专家学者们组成。编写工作由潘洵主持，赵国壮、郭亮负责各方协调。全书共计6章，执笔者分别是：第一章侯振兵，第二、三章李军、赵云霞，第四章赵国壮，第五章陈志刚，第六章吴文杰。编写组多次讨论编写提纲，数度修改完善书稿，用集体的智慧合作完成了本书。

自2018年立项以来，中共北碚区委宣传部多次举办编写推进会，并联络出版社、协助搜集资料等等，为本书编写工作的顺利开展提供了坚实的保障条件。

在《史话北碚》的编写过程中，我们也得到了重庆市图书馆、重庆市档案馆、北碚博物馆、北碚图书馆、北碚区委党史研究室、西南大学图书馆、西南大学乡村振兴战略研究院

（中国乡村建设学院）等相关单位的指导和帮助，北碚博物馆和中国乡村建设学院提供了绝大部分图片。同时，我们也得到了相关专家学者的关心和指导，他们提供的许多建议和意见，对我们修改完善书稿有很大的帮助，在此一并致以诚挚的谢意。

最后，由于我们的学识有限，《史话北碚》难免会有一些错漏之处，敬请广大读者批评指正。

编者

2023年4月